4/8/ 2021

Given to me [...]
for my Birthday.

CRANN NA TEANGA
THE LANGUAGE TREE

About the Author

Cathal Ó Searcaigh was born and grew up on a hill farm in Mín an Leá, Gort an Choirce, an Irish-speaking glen and Gaeltacht community in the northwest of County Donegal. The author of 17 volumes of poetry, three plays and four works of prose in Irish, as well as four books in English, he is a leading figure in the remarkable renaissance of Irish-language writing in our time. He is a member of Aosdána, and continues to live on the home ground of his parents.

CRANN NA TEANGA
THE LANGUAGE TREE

CATHAL Ó SEARCAIGH

Translated by Paddy Bushe and the Author

THE IRISH PAGES PRESS
CLÓ AN MHÍL BHUÍ
2018

Crann na Teanga
is first published in hardback
on 1 November 2018.

The Irish Pages Press
129 Ormeau Road
Belfast BT7 1SH
Ireland

www.irishpages.org

Copyright © Cathal Ó Searcaigh & The Irish Pages Press

Translations © Paddy Bushe, Cathal Ó Searcaigh & The Irish Pages Press

All rights reserved. No part of this book may be reproduced,
stored in a retrieval system, or transmitted in any form,
or by any means, electronic, mechanical, photocopying or otherwise,
without prior written permission from The Irish Pages Press.

Typeset in 12/15 pt Monotype Perpetua
Designed, composed and printed by Nicholson & Bass, Belfast

A CIP catalogue record for this book
is available from The British Library.

Dust-jacket photograph: Seán Ó Gaoithín
Cover design: Charles Gouldsbrough

ISBN: 978-0-9935532-4-0

This book has been generously supported by
The Arts Council of Ireland/An Chomhairle Ealaíon

Also by Cathal Ó Searcaigh

POETRY

Miontraigéide Cathrach
(1975)

Tuirlingt
(1978)

Súile Shuibhne
(1983)

Suibhne
(1987)

Homecoming/An Bealach 'na Bhaile
(1993)

Na Buachaillí Bána
(1996)

Out In The Open
(1997)

Ag Tnúth Leis an tSolas
(2000)

Na hAingle ó Xanadú
(Dánta na hÓige, 1970-1980)
(2005)

Gúrú i gClúidíní
(2006)

By the Hearth in Mín a' Leá
(2006)

An tAm Marfach ina Mairimid
(2010)

Aimsir Ársa
(2013)

Na Saighneáin
(2014)

The Green Man
(2015)

An Bhé Ghlas
(2016)

Teach an Gheafta
(2018)

Teanga na gCorr
(2018)

PROSE

Tulach Beaglaoich: Inné agus Inniu
(1994)

Seal i Neipeal
(2004)

Pianó Mhín na bPréachán
(2011)

Teach an Gheafta
(2018)

PLAYS

Oíche Dhrochghealaí
(2005)

Mairimid Leis na Mistéirí: Trí ghearrdhrámaí
(2006)

Where the Curlews Cry
(2018)

WRITING IN ENGLISH

Caiseal na gCorr
(2002)

Light on Distant Hills: A Memoir
(2009)

Soul Space: A Book of Spiritual Wisdom
(2014)

The View From the Glen: Selected Prose
(2018)

For Prashant and Pramita,
my dear ones of the high mountains

CONTENTS

Miontraigéide Cathrach (1975)

Rothaí Móra an tSaoil / The Wheel Turns	20
Ag Déanamh Fómhair / At the Harvest	21
Cinniúint / Determination	22
Dúil / Desire	24
Snapshots: Londain, 1975 / Snapshots, London, 1975	25
Go Díreach le Bheith Dúchasach / For the Sake of Going Native	27
Searc / Love	28
Mandelstam ar Leabaidh a Bháis / Mandelstam on His Deathbed	30
Deoraíocht / Exile	32

Tuirlingt (1978)

Díle / Flood	38
Spréach / Ceacht / Spark / Lesson	40
Scríbhinní / Scripts	41
Sa Chisteanach / In the Kitchen	42

Na hAingle ó Xanadú (Dánta na hÓige, 1970-1980) (2005)

Altú na Maidine / Matins	48
Bealach an tSléibhe / Mountain Road	50
Leannán / Lover	52

Dóchas/Hope	53
Póg/Kiss	54
Deireadh Ré/End of an Era	55

Súile Shuibhne
(1983)

Portráid den Ghabha mar Ealaíontóir Óg/ A Portrait of the Blacksmith as a Young Artist	58
Aon Séasúr den Bhliain/Never Once During the Year	60
Cor Úr/A New Turn	62
Níl Aon Ní/There Is Nothing	64
Súile Shuibhne/Sweeney's Eyes	66
Fiacha an tSolais/The Bill for the Light	68
An Tobar/The Well	70
I gCeann mo Thrí Bliana a Bhí Mé/At Three Years of Age	75
Scrúdú Coinsiasa Roimh Dhul chun Suain/ An Examination of Conscience Before Sleep	77
Séasúir/Seasons	79
An Bás/Death	80
Transubstaintiú/Transubstantiation	81
Taobh Thiar/Beyond	82
Muirbhé/Mermaid	83
Tearmann/Sanctuary	84

Suibhne
(1987)

Ma Bohème/Ma Bohème	88
Attic/Attic	90
Anseo ag Stáisiún Chaiseal na gCorr/ At Caiseal na gCorr Station	92

Caoradóir/Sheepman	95
Sneachta/Snow	99
Fothrach Tí i Mín na Craoibhe/ A Ruined House in Mín na Craoibhe	101
An Díbeartach/Loner	103
Máirtín Ó Direáin/Máirtín Ó Direáin	105
Soinéad/Sonnet	106
Ceann Dubh Dílis/My Blackhaired Love	108
Do Jack Kerouac/Let's Hit the Road, Jack	110
Bó Bhradach/A Braddy Cow	115

Homecoming/An Bealach 'na Bhaile (1993)

Laoi Cumainn/Chanson d'Amour	118
D'Ainm/Your Name	122
Lá de na Laethanta/Day of Days	124
Is Glas na Cnoic/Faraway Hills	128

Na Buachaillí Bána (1996)

An Lilí Bhándearg/The Pink Lily	132
Cathaoir Uillinne/Armchair	136

Out In The Open (1997)

Ag Faire do Shuain/Watching Your Sleep	142
Do Narayan Shrestha/For Narayan Shrestha	146
Do Isaac Rosenberg/For Isaac Rosenberg	154

Ag Tnúth Leis an tSolas (2000)

Do Felim Egan, Ealaíontóir/For Felim Egan, Artist	160
An Crann ag Caint/The Tree Speaks	164
An Fear Glas/The Green Man	168
I nGairdín Ghleann Bheatha/In Glenveagh Garden	170
An tEargal/Errigal	172

Gúrú i gClúidíní (2006)

Bard/Bard	176
Prashant agus é Bliain go Leith/ Prashant at Eighteen Months	179
Kathmandu i mBun a Cúraimí/ Kathmandu About Her Business	181
An tSeanbhean a Thit i nGrá Leis an Uisce/ The Old Woman Who Fell in Love with Water	185
Cuibhrinn/Small Fields	187
Bealtaine/May	188
Nollaig/December	190
Tearmann/Sanctuary	191
Gealach/Moon	192
Scáile/Shadow	194
Cárta Poist chuig Yusuf san Iaráic/ Postcard to Yusuf in Iraq	199
Crann na Teanga/The Language Tree	202

An tAm Marfach ina Mairimid
(2010)

Amhrán na Maidine / Morning Song	210
An tAm Marfach ina Mairimid /	213
The Deathly Times In Which We Live	
Na Pionnaí Gruaige / Hairclips	215
Lí na Gréine / A Sunlit Aura	219
An Sceilg / Skellig (sequence)	221
Ceathrúintí Thuathail Mhic Liag /	
Tuathal Mac Liag's Quatrains	
Tuathal ag Cuimhneamh ar Chaomhán /	
Tuathal Daydreams Caomhán	
Tuathal ag Mealladh Chaomháin /	
Tuathal Seduces Caomhán	
Paidir Thuathail / Tuathal's Prayer	
Bás-rann / Death Verse	
Long / Ship	236
An Strainséir Dubh / Dark Stranger	238
Labhrann Óivid / Ovid Speaks	240

Aimsir Ársa
(2013)

Labhraim le Lí Bai / Speaking to Li Bai	246
Lí Bai i Mín a' Leá / Li Bai in Mín a' Leá	250
Óivid ag Cáineadh na Mná a d'Fheall Air /	253
Ovid Excoriates The Woman Who Deceived Him	
Amhrán Grá is an tÁr inár dTimpeall /	257
Love Song Amid The Slaughter	
Ceannlínte / Headlines	259

Osna/Sigh	261
Na Cailleacha Feasacha/The Old Women Who Knew	262
An Fear Óg a Tugadh as/The Young Man Taken Away	266
Bean a Bhfuil an Galar Dubhach uirthi ag Caint ar na Sióga/A Forlorn Woman Speaks of the Fairies	270
An tEargal/Errigal (I-XXV)	274
Na Bailte Bánaithe/The Deserted Villages	303
Aisling ar Ard na Malacha/A Vision on Ard na Malacha	311
Na Fámairí/Tourists	312
Baile an tSléibhe/Baile an tSléibhe	314

Na Saighneáin (2014)

Altú an tSolais/In Gratitude for the Light	318
An Siolastrach/Wild Iris	320
Ómós an tSiolastraigh/Homage to the Wild Iris	322
Do Sarah Bogati: agus í Aon Mhí d'Aois/For Sarah Bogati	324
Do Christopher Isherwood/For Christopher Isherwood	326
Teanga An Ghleanna/The Glen's Tongue (Sections 1, 2, 3, 4, 5, 6, 9, 10, 11, 13, 14, 17)	332

An Bhé Ghlas (2016)

Ealaí ar Loch an Ghainimh/Swans on Loch an Ghainimh	358
Tá na Lilí i mBláth ar an Dúloch/Waterlilies Are Blossoming on Dúloch	362
Ag Cuimhniú ar James Wright /Remembering James Wright	366
Teangmháil/Contact	369
Comharsa/Neighbour	373
Afternoon Tea/Afternoon Tea	377

Ag Taibhsiú na Todhchaí os Cionn Loch an Ghainimh / Conjuring the Future Above Loch an Ghainimh	380
Taispeánadh / Revelation	384
Ag Siúl na Trá Lá Geimhridh i Machaire Rabhartaigh / Walking the Beach on a Winter's Day in Machaire Rabhartaigh	385
Au Valon: Ag Fanacht i dTigh Feirme San Eilbhéis / Au Valon: Staying in a Swiss Farmhouse	386
An Bhé Ghlas / The Green Goddess	388
Ar a Aistear Dána / Wayfarer	393
Tá an Fharraige ionainn go léir / The Sea Is in All of Us	395
I gCuimhne mo Sheanuncail a Throid sa Chogadh Mhór (1914-1918) / In Memory of my Grand Uncle	397
Domhnach i Mín a' Leá, Domhnach i nGaza / Sunday In Mín a' Leá, Sunday In Gaza	401
I gCaifé Sráide i New Delhi / In a New Delhi Street Café	404
Do Mohammed Abu Khdeir / For Mohammed Abu Khdeir	408
Ag Altú An Lae / Matins	412

Teach an Gheafta (2018)

I nDúlaíocht na Bliana / In the Gloom of the Year	416
Rún na bhFear / The Men's Secret	418

Teanga na gCorr (2018)

Ag Guí chun na Gealaí / Invoking the Moon	422
Acknowledgments	427
Note on the Translations	429
About the Translator	431

Miontraigéide Cathrach

1975

ROTHAÍ MÓRA AN tSAOIL

An solas Samhnach seo atá ag fáil bháis
amuigh ansiúd i gcarn an aoiligh
tiocfaidh sé chun beatha aríst, chun fáis,
i mbláth bán na bpreátaí,
i lí ómra an choirce, i ndeirge na dtrátaí.

An buachaill seo i bpictiúr donnbhuí
ó thús an chéid, a aghaidh cráite
ag an ghrá chrosta a d'iompair sé ina chroí.
An grá séanta sin a d'fhág é breoite
tig sé chun solais ionamsa ina ghrá gleoite.

THE WHEEL TURNS

The November light stretched in its death-throes
out there on the dung-heap
will move towards resurrection, fresh growth
in the white blossoming of potatoes,
the golden glow of oats, the red, red tomatoes.

This young man in a sepia photograph
from the century's turn, his face haunted
by the thwarted love borne in his heart:
the love denied that left him haggard
lights up in me, revived, enraptured.

AG DÉANAMH FÓMHAIR

Seo tusa ag oibriú na speile
mise le do thaobh ag teannadh sopóige;
an bheirt againn ag déanamh fómhair
tráthnóna gréine i bPáirc na Díobhóige.

Ola róis an tsolais ag cur aoibhnis
ar na cnoic is ar na cuibhrinn;
tusa ag cur allais, d'aghaidh óg álainn
ar dealramh buí an choirce, a chumainn.

Ar ball spréifidh an oíche a brat rúin
thar bhailte beaga cúnga an bhéadáin,
tráth a mbeidh mise agus tusa ag déanamh fómhair
inár ngort cluthair féin go lá.

AT THE HARVEST

There you are swinging a scythe
And me beside you binding sheaves
As you cut the corn in tumbling swathes
On a harvest evening in Páirc na Díobhóige.

And like a spill of rosewater, a sunset glow
Flows across the hills and fields of oats,
And your handsome face, awash with sweat,
Is as flawless as the ripened corn.

As night pulls down its screen of dark
On prying eyes in village and in fields,
We'll be together in a sheltered nook
Harvesting our loves delightful yield.

CÓS

CINNIÚINT

Síneann solas na maidine
go soineanta sámh
fríd bhearnaí sna cuirtíní
agus mé i mo luí i dtámh
maidin bhuí samhraidh
anseo i Mín a' Leá.
Síneann sé isteach, lámh
páiste ag méaradradh
i measc na leabhar, ag muirniú
na mbláth, ag súgradh
leis an dusta, ag déanamh
bánaí bánaí le mo scáth
sa scáthán, ag cigilt
mo shúl, ag líocadh
is ag slíocadh m'fhoilt.

Corann solas na maidine
isteach chugam, chomh muirneach,
muiníneach; chomh rógánta,
ráscánta; chomh lán d'ámhaillí
na hamaidí; chomh beo
leis an pháiste, an ghin
shaolta nach dual domh
a ghiniúint go deo …

1972

DETERMINATION

The light of morning reaches
gently, guilelessly
through the gapped curtains
where I am sound asleep
on an amber summer morning
here in Mín a' Leá.
It reaches in, a child's
hand fingering
the books, stroking
the flowers, delighting
in dust-beams, playing
bánaí bánaí with my mirrored
reflection, smoothing
and grooming my hair.

The light of morning turns
into me, so cuddly
confident; so roguish
and rascally; so full of impish
mischief; as full of life
as a child, as the human child
my being has determined
never to generate …

1972

DÚIL

B'fhearr liomsa buachaill thigh an leanna
a bhfuil a chroí lán de theas ceana

Is a labhrann i laomanna lasánta
faoina dhuáilcí is faoina dhánta

Is a dhéanann gáire chomh gríosaitheach
le craos de mhóin chipíneach

Is a chaitheann spréacha óna shúile
a lasann tinidh mo dhúile

Ná Nefertítí í féin i mo leabaidh
is iontaisí na bhFarónna ar fud an tí.

DESIRE

I'd rather have that bar boy
Whose heart is full of love's joy

Who speaks with such coyness
About his passions and his poems

Whose lovely beguiling smile
Is as warm as a cosy turf-fire

Whose eyes flash and flare
Making me go red with desire

Than Nefertiti herself in my bed
And the loot of the Pharaohs at my feet.

CÓS

SNAPSHOTS: LONDAIN, 1975

Bréagchráifeacht

An bhean chiúin
a bhfuil Búda mór
feistithe aici san fhuinneog,
chaith sí an mhaidin
ag cur nimhe ar na neantóga
is ag spraeáil na gcuileog.

Béalchráifeacht

Stuaic na hEaglaise —
an gcuireann a ghéire
stuaic ar Dhia?

SNAPSHOTS: LONDON, 1975

Insentient Piety

The serene lady
who has a large Buddha
enshrined in her window
has spent the morning
poisoning nettles
and spraying flies.

The Point of Piety

The church steeple —
does its sharpness
needle God?

GO DÍREACH LE BHEITH DÚCHASACH

Bheinn beo
ar bhiolar is ar shamhadh
i mám do mhás
is d'ardóinn bratach
na bpiteog, a chroí,
ar chrann scóide do bhoid
i mBáidín Fheilimí.

FOR THE SAKE OF GOING NATIVE

I would live out
on watercress and sorrel
in the hill-pass of your buttocks
and I would raise the ensign
of the nancy-boys, dear heart,
on the foremast of your penis
at sea on *Báidín Fheilimí*.

SEARC

Chuir mé mo shúile i bhfolach
faoi smúid na hoíche;
Ní amharcfaidh mé ort níos mó.

Chuir mé mo chosa i dtalamh
ag bun na dtrí chríoch;
Ní shiúlfaidh mé chugat níos mó.

Chuir mé mo theangaidh i dtost
i ndíthreabh an tsléibhe;
Ní labharfaidh mé leat níos mó.

Chuir mé mo lámha faoi cheangal
le slabhraí an uaignis;
Ní chuachfaidh mé thú níos mó.

Chuir mé mo chuimhne as úsáid
faoi ualach an dearmaid;
Ní chrothnóidh mé thú níos mó.

Anois cuirim mo chroí chugat
i mias seo na filíochta,
Ionas nach dtitfidh mé i ngrá leat ... aríst.

LOVE

I placed my eyes in hiding
in the gloom of night;
I will not look at you again.

I placed my feet in the earth
at the bottom of the three marches;
I will not walk towards you again.

I placed my tongue into silence
in the mountain's hermitage;
I will not speak to you again.

I placed my hands in servitude
into the manacles of loneliness;
I will not enfold you again.

I placed my memory beyond recall
under the burden of forgetfulness;
I will not yearn for you again.

Now I send you my heart
votive in this bowl of poetry,
that I may not fall in love with you again.

MANDELSTAM AR LEABAIDH A BHÁIS

Thug mé dúshlán na droinge
a dúirt nach bhfuil i bhfilíocht
ach caitheamh aimsire gan éifeacht.

Labhair mé ar rudaí a raibh sé
crosta orainn trácht orthu
i ré seo na hurchóide, ré seo na héagóra.

Is bhain Stailin, aintiarna an uafáis,
fuil an díoltais asam
as a mhíghníomhartha a nochtadh.

Ach as créachtaí mo bháis tiocfaidh
sileadh focal, tuile thréan na fírinne
a dhéanfas é a dhamnú go síoraí.

Tugaim dúshlán an tíoránaigh
a chuir cosc ar mo shaothar.
Canfar mo dhán is a ainm siúd i léig.

MANDELSTAM ON HIS DEATHBED

I stood up to the mob
who sneered at poetry, brushing it off
as a worthless hobby.

I laid bare in my verse
the grim truth of what is being hushed
up in this time of infamy.

Stalin, Czar of our horror,
raked through my life, drew my blood,
for exposing his ruthless ways.

But from my bloodied wounds
words will flow in an outpouring of Truth
to damn him for all times.

I stood up to the tyrant
who tried to stamp-out my words.
These poems will be voiced when he lies dumb in the earth.

CÓS

DEORAÍOCHT

… Slogtha gan iomrá
i gcraos alpach na cathrach:
amharc air anseo
ag streachlánacht thart gan treo
sna sráideacha suaithní seo
sa ghleo gháifeach seo;
doirse an doichill,
á ndruid roimhe is ina dhiaidh:
glas-stócach an tsléibhe
ar strae i dtoitcheo na cathrach.
Is fada leis an bealach
ó inné go dtí amárach
is gan aige le seal
ach ón lámh go dtí an béal
is gan duine ná deoraí
a thógfadh cian dá chroí
sna slóite coimhthíocha seo.
É sa tsiúl go síoraí
ag cuartú an chairdis
nach bhfaighidh sé choíche
is ag teitheadh san oíche
go tearmann an tsuaimhnis
istigh i bhfásaigh shléibhe
a shamhlaíochta, agus ansiúd
san áit is uaigní ina chroí
ag cur snas ar a sheanchuimhní;
ag déanamh dánta as a dheora deoraíochta.

Agus é sa tsiúl mar is gnách
cé acu i dtráth nó in antráth
tchíonn sé iad ag stánadh air
ó chúl-lánaí caocha agus ó leithris liatha;
súmairí airceacha na sráide,
a gcuid súl ag titim air
mar shúistí, is iad ag santú
lí is bláth a bhreáthachta
lena gcraos a shásamh;
ach deis a fháil, dhéanfadh siad an buachaill a shú as
ó chnámh go smior is
ó smior go smúsach
gan a n-aithne a ligean leis.

Bogann sé leis anois
go mall is go fadálach;
ciaróg bheag bhocht an anáis
i ngráscar beatha
le seangáin shéirseacha an déanfais;
ag malartú físe
ar thalmhan baoise;
ag coraíocht in aghaidh an tsrutha;
ag fíodóireacht dánta
go tútach, go tochtach
ar sheanseol na Cumha.

EXILE

There he is stuck in the city's
skid-row streets, a migrant boy
living rough, lured by the good life
on easy-street that was rumoured back
in his distant home. Such slack talk!
Now he knows what mean really means
as he struggles for a foothold
in life's press and crush.
And when he tries to push
through the swinging doors of Opportunity,
at every turn he falls on his face
having no push and no pull
in this place of indifference.
A country boy from a far-off place
he lives hand to mouth on mean-street
with the kindness of no stranger
to set him right, to lift his spirits.
And at night escaping to the place
of his last refuge, the mountain haven
of his imagination, there amongst
the blue remembered hills
of yore, he refines old memories
into poems, polishing them
with Exile's seasoned tears.

On the move endlessly, aimlessly,
he walks the gauntlet
of kerb-crawling stares
and from grim backstreets
and sleazy lavatories
they come after him, men
who would suck his young life in
and spew it out again
leaving him drained of youth and beauty.

Like a beleaguered beetle
amongst busy ants, he drags himself
over the daily dregs of life.
Iridescently blue, beautiful
beyond his own grasp, he yearns
for what is beyond him.
In these streets of gloom
he comes to nothing while spinning
yarns for himself, softly
from Sorrow, his life's Loom.

CÓS

Tuirlingt

1978

DÍLE

Agus mé ag fánaíocht i bhfeachtaí na hoíche
mar Noah in Áirc a mhíshocrachta;
tig tusa, a éinín na cumha, le dea-scéala –
ológ chraobh chaoin na cinnteachta

Ó thalamh slán mo shoineantachta,
agus tú ag tuirlingt orm go sochmaidh,
is mar scríste i gcnámha traochta
a mhothaím thú agus mar chuimhní ...

Cuimhní ... ar ghíoscán carr beithígh
an tSeascainn Mhóir i ndiaidh báistí;
ar bhristeacha geimhridh ag seitrí
i gcoillidh ghiúise na Míne Buí.

Ar bhó bleachta sholas na maidine
ag líonadh bhucaod liathbhán na spéire;
ar ghrian chruite an tráthnóna
ag innilt ar bharr Charn an Traona.

Ar sheilidí ag seinnt ann
ar choirnéidí a gcuid sliogán;
ar riteacht téad fidle
in eitilt na ngéanna fiáine ann.

Agus mé ag fánaíocht i bhfeachtaí na hoíche
mar Noah in Áirc na hanachaine;
tig tusa, a choilm na cumha, le dea-chomhartha,
ológ chraobh chaoin na cuimhne ...

FLOOD

Drifting on the currents of the night
like Noah in the Ark of his unease;
here's you, my bird of longing, with good news –
the soothing olive branch of certainty

From the safe inland of my innocence,
and as you land upon me placidly,
it is as aching bones granted solace
I perceive you, and as recollection.

The Seascann Mór bog, say, after rain,
creaking and groaning like a horse cart;
or wintry squalls whinnying their way
through the pinewood of Mín Bhuí.

Or the bright milch cow of morning
filling the galvanised bucket of the air;
then the empty udder that same evening
grazing the top of Carn an Traona.

Or imagining snails creating music
through the cornets of their shells;
recalling the flight, taut as a fiddle string,
of wild geese tight in their wedge.

Drifting on the currents of the night
like Noah in the Ark of rough weather;
here's you, the dove of longing, auspicious
with an olive branch, restful with recollection.

SPRÉACH

Nollaig, an lá deileoir –
caor dhearg an chuilinn
mo théamh sa chistin.

CEACHT

An colm ar a bheola:
comma ar ghnách liom moilliú air tráth
agus mé ag foghlaim a phóige.

SPARK

Christmas, destitute day –
the holly's red berry
my heating.

LESSON

The scar on his lips:
a comma where I used to pause
learning to read his kiss.

SCRÍBHINNÍ

Clagarnach an chloig
   anuas ar mo leabaidh –
Piocóid atá ag smiotadh
   mo shaolsa go tapaidh.

Na scríbhinní breacbhuí
   tréigthe sa tarraiceán -
Iad chomh fada ón Fhírinne
   is atá páipéar ó chrann.

Tafann an tsionnaigh
   ón choillidh uaithne
An iairiglif is dual
   ar charn mo chuimhne.

SCRIPTS

That clock ticking
above the hearth
a pick that chips
away at his heart.

His abandoned poems
thrown in a drawer
as far from Truth
as a tree from paper.

The bark of a fox
from the hazel wood
a fitting hieroglyph
for his last words.

CÓS

SA CHISTEANACH

Tá cluas éisteachta ar na cupáin;
iad cuachta ina chéile
   ar bhord na cisteanadh,
ina gcailleacha feasa, a gcluasa bioracha
ag éisteacht leis an fhéar ag fás
   sa Domhan Thoir.
Cha raibh mo chluasasa ariamh
chomh géar sin.

Cluinim na sceana istigh sa drár;
iad géar agus líofa
   ag caint as béal a chéile,
ag gearradh cainte, ag déanamh
ceap magaidh de bhoige spanóige,
   de chorcscriú piteogach.
Cha raibh faobhar mar sin
ar mo theangaidhse ariamh.

Tá cathaoireacha anseo is ansiúd;
a ndroim díreach,
   an áit faoina gcosa acu;
ag tabhairt sunc d'uillinn an údaráis,
d'éadan boird, de bhéal dorais.
   Ceithre cosa acu faoi gach scéal.
Cha raibh mo sheasamhsa ariamh
chomh muiníneach sin.

Tá éad orm leis na potaí sa phrios;
iad dingthe isteach
   i dtóin a chéile go teolaí;
ag lí agus as slíocadh, ag snaidhmeadh
agus ag scaoileadh, ag caitheamh tóna san aer
   le treán macnais is meidhir.
Cha raibh mo ghrása ariamh
chomh súgach sin.

Tá an preáta pinc corrthónach seo
ag tabhairt na súil' domh
   agus mé á sciúradh sa sinc.
Tá sé ag baint lán na súl asam, ag caochadh
orm go haerach, mo ghríosadh is mo ghriogadh,
   le searcfhéachaint a dhúile.
Cha raibh mo shúilese ariamh
chomh craosach sin.

Má fhanaim anseo i bhfad eile
ag plé le gréithre,
   imeoidh mo mhuinín is mo mhisneach.
Ag éisteacht le neacha sotalacha na cistine,
lena bhféinspéis theanntásach
   titfidh mo chroí in ísle brí.
Dá bhrí sin cuirim teanga bróige ina tost
is tugaim m'aghaidh ar thóin an tí ...

IN THE KITCHEN

The cups have their ears cocked,
huddled together
        on the kitchen table
like *cailleacha*, their pointed ears
listening to the grass growing
        in the Orient:
My ears were never
that keen.

I hear the knives in the drawer,
sharply and maliciously
        backbiting and blathering.
O the cut and clash of their talk
as they mock a bent spoon,
        a sissy corkscrew:
My tongue was never
that sharp.

There are armchairs here and there,
straight-backed
        they have the place under their feet;
poking the elbow of authority
into the face of a table edge, the mouth of a door.
        They have four props for every story:
My standing was never
that secure.

I envy the pots in the press,
rammed into each other
　　　　snugly.
They lick and they stroke, they shag and they squeeze.
They have their butts in the air
　　　　shamelessly groaning:
My lust was never
that randy.

This flirty pink potato
is giving me the eye
　　　　as I ease him out of his jacket.
He winks at me cockeyed
as I scrub him in the sink.
He stirs me with the coy flutter
　　　　of that debauched look:
My eye was never
that brash.

If I stay in the kitchen any longer
I'll go potty.
　　　　I'll lose my cool in this cocksure kitchen world.
Therefore I shut up a shoe's tongue
and I tell a needle
　　　　to keep its eye off the leg of lamb…
Mark my words, heads will roll,
I yell at a cabbage.

cós

Na hAingle ó Xanadú
(Dánta na hÓige, 1970-1980)
2005

ALTÚ NA MAIDINE

I Mín a' Leá
tá clingireacht na nDeora Dé
ár ndúiseacht

I Mín a' Leá
tá an abhainn ag canadh a *mantra*
in *ashram* an aeir

I Mín a' Leá
gutaí atá i dteangaidh na báistí
agus í ár mbeannú

I Mín a' Leá
fríd dhoras na bhfocal, siúlaim
amach asam féin.

MATINS

In Mín a' Leá
the fuchsia bells are ringing out
their awakening call.

In Mín a' Leá
the river is chanting its mantra
in the ashram air.

In Mín a' Leá
the rain is coming down in vowels
to anoint us.

In Mín a' Leá
through this portal of words
I step out of myself.

CÓS

BEALACH AN tSLÉIBHE

Ar an ordóg idir na Gleanntaí agus an Dúchoraidh
maidin ghlasliath gheimhridh i seasca a naoi

An toit ag éirí go righin ramhar ó theach
uaigneach anseo agus ansiúd ar an bhealach

Téann *tractor* aoiligh thairis go réidh
madadh giobach ag tafann ina dhiaidh.

Fríd an pholl bhorrtha i bpóca a bhrístí
fáisceann sé é féin go fadálach, fáilí

Ag samhlú gur stócach dá chomhaois
atá á thabairt chun aoibhnis anois.

Go tobann tig an lá ina steall ghréine
ag sceitheadh solais ar a léine.

MOUNTAIN ROAD

Hitching between Glenties and Doochary
on a raw winter's morning in the 1970s.

Smoke rising thick and stiff from a lonely
house here and there along the roadway.

A tractor with a trailor-load of dung trundles
past, a shaggy dog barking behind it.

Through the worn-out cloth of his pants
he grabs his swollen member achingly.

Imagining that it's a boy of his own age
who's bringing him now to this gasp of joy.

Suddenly the day comes in a spurt of sun
spilling its light all over his shirt.

CÓS

LEANNÁN

Séidim boilg an chroí
sa chruth go bhfuil

teinidh anseo
lasta agus croíúil

le tú a mhealladh,
a thaistealaí na hoíche,

nuair a thiocfas tú
ag lorg dídine

is gan tointe ort,
a dhúil ainglí.

LOVER

I blow the bellows
of the heart so that

There's a fire here
warm and glowing

To tempt you in
O night traveller

When you come
looking for shelter

With barely a stitch on
Godsent from somewhere.

cós

DÓCHAS

Seo mé maidin samhraidh
ag ól tae, ag léamh
agus ag cumadh véarsaí.

Níl pingin rua i mo phócaí
ach tá dánta agam
a thógann mo chroí.

HOPE

Here I am of a summer's morning
sipping tea, reading
and making words sing.

I haven't a penny to my name
but I have penned songs
that make me flush with joy.

CÓS

PÓG

Ba tusa an réaltóg
mise an chréafóg

nuair a phóg tú mé
mheasc muid go réidh

an scáil leis an anáil
an fhearthainn leis an abhainn.

KISS

You were the star
and I was the clay

When you kissed me
we melded and held sway

Shadow with breath
rainfall with waterway.

CÓS

DEIREADH RÉ

Na seanfhilí
chaoin siad i gcónaí
na sean-nósanna a bhíothas
a thréigeadh.

Níor athraigh a dhath,
táthar fós
ag ligean na sean-nósanna
i ndearmad.

Meitheal na mónadh
agus meitheal an fhómhair;
an t-airneál agus turas an tobair,
níl iontu anois ach stair.

Na seandaoine a chleacht
seanchas glas na talún
agus saíocht na séasúr
tá siad ag fáil bháis ...

An talamh amuigh bán;
na cnoic ite ag caoirigh;
tusa ag dreasú pingneacha stáit
isteach i do sparán.

Dusta na sráide ar do theangaidh,
Béarla achan áit.
Saol a bhí ina chraos tineadh tráth
níl ann anois ach luaith bhán.

Smearaim an luaith ar mo dhán.

END OF AN ERA

The old poets
were forever lamenting
the old customs
being abandoned.

Nothing changes,
we have still
the slippage of custom
into forgetfulness.

The *meitheal* for the turf
and the *meitheal* for the harvest;
rambling-houses and the rounds at wells,
all just things of the past.

The old people who lived
the green lore of the land
and the erudition of the seasons
are dying one by one …

The land outside fallow;
hills sheep-cropped to barrenness;
you herding government pennies
into your bank account.

The street-dust muffling your tongue,
English overpowering the air.
A world that blazed with vitality
now a heap of white ashes.

I will spread the ashes on my poem.

Súile Shuibhne

1983

PORTRÁID DEN GHABHA MAR EALAÍONTÓIR ÓG

Tá mé dúthuirseach de Dhún Laoghaire,
de mo sheomra suí is leapa in Ascaill an Chrosaire.
Áit chúng a chraplaíonn mo chuid oibre
mar ghabha focal
is a fhágann mé istoíche go dearóil
ag brú gaoil ar lucht óil
seachas a bheith ag casúireacht dánta do mo dhaoine
ar inneoin m'inchinne.
A Dhia na bhfeart, tá sé imithe thar fóir
an díomhaointeas damanta seo!
Á! Dá mbeinn arís i gCaiseal na gCorr
ní i mo chiotachán a bheinn, leathbheo.

Ní hé leoga! Ach i gceárta na teanga
bheinnse go breabhsánta
ag cleachtadh mo cheirde gach lá;
ar bhoilg m'aigne ag tathant bruíne
ag gríosú smaointe chun spréiche
ag casúireacht go hard
caint mhiotalach mo dhaoine.

A PORTRAIT OF THE BLACKSMITH
AS A YOUNG ARTIST

I am drop dead fed up of Dún Laoghaire,
of my bedsit in Cross Avenue.
A cramping place that fetters me
as a wordsmith
and by night leaves me cruising
the company of boozers
instead of hammering poems for my people
on my mind's anvil.
Christ Almighty it's gone too far
this intolerable idleness!
Oh if I lived again in Caiseal na gCorr
I wouldn't be this half-dead caricature.

No way in the world! But in the language forge
I would exuberantly
ply my trade all day;
I'd be firing up with my mental bellows
blowing ideas into a stream of sparks,
hammering to a high ornateness
the steely speech of my people.

AON SÉASÚR DEN BHLIAIN

Inár seomra suí leapa
seargann na plandaí tí
fiú i dtús an tsamhraidh.

Titeann duilleoga feoite
i measc deora taisligh
dusta agus proinn dhóite.

Ní ghlaonn an ghrian
isteach trí fhuinneog an dín
aon séasúr den bhliain.

Is anseo i saol seargtha
an bhrocsholais, tá sé ina Shamhain
ag plandaí is ag leannáin.

NEVER ONCE DURING THE YEAR

In our bedsit flat
the houseplants shrivel
even in early summer.

Withered leaves drop
among tears of dankness
dust and burnt meals.

No sun visits us here,
never calls in through the skylight
the whole length of the year.

And here in the shrunken world
of leftover light, it is November
for leaves and for lovers.

COR ÚR

Ciúnaíonn tú chugam as ceo na maidine
mus na raideoige ar d'fhallaing fraoigh,
do ghéaga ina srutháin gheala ag sní
thart orm go lúcháireach, géaga
a fháiltíonn romham le fuiseoga.

Féachann tú orm anois go glé
le lochanna móra maorga do shúl
Loch an Ghainimh ar dheis, Loch Altáin ar chlé,
gach ceann acu soiléir, lán den spéir
agus snua an tsamhraidh ar a ngruanna.

Agus scaoileann tú uait le haer an tsléibhe
crios atá déanta as ceo bruithne na Bealtaine
scaoileann tú uait é, a rún mo chléibhe,
ionas go bhfeicim anois ina n-iomláine
críocha ionúine do cholainne

ó Log Dhroim na Gréine go hAlt na hUillinne
ón Mhalaidh Rua go Mín na hUchta,
thíos agus thuas, a chorp na háilleachta,
gach cuar agus cuas, gach ball gréine,
gach ball seirce a bhí imithe i ndíchuimhne

ó bhí mé go deireanach i do chuideachta.
Tchím iad arís, a chroí, na niamhrachtaí
a dhearmadaigh mé i ndíbliú na cathrach.
Ó, ná ceadaigh domh imeacht arís ar fán:
clutharaigh anseo mé idir cabhsaí geala do chos,
deonaigh cor úr a chur i mo dhán.

A NEW TURN

Silently you rise towards me out of the morning mist
the incense of bog-myrtle on your heather robe,
your limbs limpid as streams flowing
in celebration around me, limbs
that bid me larksongs of welcome.

Now you observe me, with perfect clarity,
from the great stately lakes of your eyes,
Loch an Ghainimh to the right, Loch Altáin to the left,
each one a crystal reflection full of sky
and the summer radiant on their brows.

And you release to the mountain winds
the loop of May haze that had girdled you,
you release it, my dearest heart,
so that I can see again the wholeness
of your body in its loved, remotest parts

from Log Dhroim na Gréine to Alt na hUillinne
from Malaidh Rua to Mín na hUchta,
the ups and downs embodying your loveliness,
every hump and hollow, every sunny spot
and every nook of love I had forgotten

since the last time I walked out with you.
I see them again, my love, the wonderlands
whose memory had faded in the wasting city.
O never let me leave to go astray again:
let me nestle here, wrapped in your bright, leggy paths,
let me give a new turn to poems yet unwritten.

NÍL AON NÍ

Níl aon ní, aon ní, a stór,
níos suaimhní ná clapsholas smólaigh
i gCaiseal na gCorr,

ná radharc níos aoibhne
ná buicéad stáin na spéire ag sileadh
solais ar Inis Bó Finne.

Is dá dtiocfá liom, a ghrá,
bheadh briathra ag bláthú ar ghas mo ghutha
mar shiolastrach Ghleann an Átha,

is chluinfeá geantraí sí
i gclingireacht na gcloigíní gorma
i gcoillidh Fhána Bhuí.

Ach b'fhearr leatsa i bhfad
brúchtbhaile balscóideach i mBaile Átha Cliath
lena ghleo tráchta gan stad,

seachas ciúinchónaí sléibhe
mar a gciúnaíonn an ceo le teacht na hoíche
anuas ó Mhín na Craoibhe.

THERE IS NOTHING

There is nothing, nothing, my love,
more soothing than this twilight
of thrush song at Caiseal na gCorr.

Nor is any sight more uplifting
than the bright pail of the sky pouring
its light down on Inis Bó Finne.

And if you'd come with me, words
would flower on the stalk of my voice
like the wild irises of Gleann an Átha.

And you'd catch otherworldly strains
in the tinkling of the bluebells
in the woods of Fána Bhuí.

But you'd still prefer a shoddy,
blotched-up suburb in Dublin,
with its endless snarl of traffic

To the restful calm of hills
where the hush of mist at nightfall
eases down from Mín na Craoibhe.

CÓS

SÚILE SHUIBHNE

Tá mé ag tarraingt ar bharr na Bealtaine
go dúchroíoch i ndorchacht na hoíche
ag ardú malacha i m'aistear is i m'aigne
ag cur in aghaidh bristeacha borba gaoithe.

B'ise mo mhaoinín, b'ise mo Ghort an Choirce,
mise a thug a cuid fiántais chun míntíreachais
ach tá a claonta dúchais ag teacht ar ais arís
anocht bhí súile buí i ngort na seirce.

Tchím Véineas ansiúd os cionn Dhún Lúiche
ag caochadh anuas lena súile striapaí
agus ar ucht na Mucaise siúd cíoch na gealaí
ag gobadh as gúna dubh na hoíche.

Idir dólás agus dóchas, dhá thine Bhealtaine,
caolaím d'aon rúid bhuile mar leathdhuine.
Tá soilse an ghleanna ag crith os mo choinne –
faoi mhalaí na gcnoc sin iad súile Shuibhne.

SWEENEY'S EYES

I am trudging up towards the top of Bealtaine
downhearted in the night's darkness
an uphill straining within and without me
head bowed against the wind's gusty snatches.

She was my treasure, my rich oats in Gort a' Choirce,
it was I who coaxed her wildness to richness
but all her deep roots are springing to the surface
and her yellow-eyed weeds are blazing in the cornfield.

Over there Venus hangs above Dún Lúiche
Winking invitations with the eye of a whore
and on the slope of Mucais the breast of the moon
flaunts itself free from the night's black gown.

Between dream and despair, two fires of Bealtaine,
I suddenly shrink, become less than my being.
The lights of the valley tremble opposite me –
under the brows of the hills, the eyes of Sweeny.

FIACHA AN tSOLAIS

do Liam Ó Cuinneagáin

I mbatálach ceann slinne a chaith sé a shaol
leath bealaigh i gcoinne Chnoc an tSéideáin;
druncaire, a raibh a dhreach is a dheilbh maol
agus lomchnámhach, macasamhail an screabáin
ina thimpeall, áit a bhfuarthas marbh é anuraidh
caite sa scrobarnach, lá polltach geimhridh:
a naoi mbliana fichead múchta ag ainíde dí,
is gan glór lena chaoineadh ach gocarsach cearc fraoigh.

Inniu, bhí fear an tsolais thuas ar bharr an tsimléara
ag scoitheadh sreanga leictreacha. "Tá'n bás," ar seisean,
agus é ag meabhrú ar bhás anabaí an úinéara,
"dálta gearradh cumhachta. Ainneoin ár dtola a thig sé
de ghnáth. Ach an té a dhéanann faillí i bhfiacha an tsolais,
a thiarcais, nach é féin cúis a dhorchadais?"

THE BILL FOR THE LIGHT

for Liam Ó Cuinneagáin

He spent his days in a slate-roofed hovel
halfway up Cnoc an tSéideáin;
a boozer, the whole cut of him gaunt
and bony, mirroring the bleak land
around him, where he was found last year
stretched in the scrub, on a piercing winter's day:
his twenty-nine years snuffed out by the drink,
and no voice mourning him but a clucking grouse.

Today, the ESB man was up at the chimney
cutting off the electric wiring. "Death," says he,
contemplating the premature passing of the owner,
"is like a power cut. It's against our will
it usually arrives. But the one who ignores the bill for the light,
my god, hasn't he invited the darkness in himself?"

AN TOBAR

do Mháire Mhac an tSaoi

"Cuirfidh sé brí ionat agus beatha,"
arsa sean-Bhríd, faghairt ina súile
ag tabhairt babhla fíoruisce chugam
as an tobar is glaine i nGleann an Átha.
Tobar a coinníodh go slachtmhar
ó ghlúin go glúin, oidhreacht
luachmhar an teaghlaigh
cuachta istigh i gclúid foscaidh,
claí cosanta ina thimpeall
leac chumhdaigh ar a bhéal.

Agus mé ag teacht i méadaíocht
anseo i dtús na seascaidí
ní raibh teach sa chomharsanacht
gan a mhacasamhail de thobar,
óir cúis mhaíte ag achan duine
an t-am adaí a fholláine is a fhionnuaire
a choinníodh sé tobar a mhuintire:
ní ligfí sceo air ná smál
is dá mbeadh rian na ruamheirge
le feiceáil ann, le buicéad stáin
dhéanfaí é a thaoscadh ar an bhall
is gach ráithe lena choinneáil folláin
chumhraítí é le haol áithe.

Uisce beo bíogúil, fíoruisce glé
a d'fhoinsigh i dtobar ár dteaghlaigh.
I gcannaí agus i gcrúiscíní
thóg siad é lá i ndiaidh lae
agus nuair a bhíodh íota tarta orthu
i mbrothall an tsamhraidh
thugadh fliuchadh agus fuarú daofa
i bpáirceanna agus i bportaigh.
Deoch íce a bhí ann fosta
a chuir ag preabadaigh iad le haoibhneas
agus mar uisce ionnalta
d'fhreastail ar a gcás ó bhreith go bás.

Ach le fada tá uisce reatha
ag fiaradh chugainn isteach
ó chnoic i bhfad uainn
is i ngach cisteanach
ar dhá thaobh an ghleanna
scairdeann uisce as sconna
uisce lom gan loinnir
a bhfuil blas searbh súlaigh air
is i measc mo dhaoine
tá tobar an fhíoruisce ag dul i ndíchuimhne.

"Is doiligh tobar a aimsiú faoi láthair,"
arsa Bríd, ag líonadh an bhabhla athuair.
"Tá siad folaithe i bhfeagacha agus i bhféar,
tachtaithe ag caileannógach agus cuiscreach,
ach in ainneoin na neamhairde go léir
níor chaill siad a dhath den tseanmhianach.
Aimsigh do thobar féin, a chroí,
óir tá am an anáis romhainn amach:
Caithfear pilleadh arís ar na foinsí."

THE WELL

for Máire Mhac an tSaoi

"That'll put the jizz in you,"
said old Bríd, her eyes glinting,
as she handed me a bowl of real water
from the purest well in Gleann an Átha.
A well kept sweet and neat
by her people's people, the precious
legacy of the household,
tucked away in a nook,
a ditch around it for protection,
a flagstone on its mouth.

Here, in the early sixties
just as I came into my strength
there wasn't a house in the district
without a well like this. Everyone
so proud of how sweet and cool
they kept the family well. They'd allow
no glut or glar to gather in it
and a trace of rust was reason
enough to bail it out at once with tin
buckets. Each quarter day without
fail, they'd kiln-lime it sweet.

The lucid gush of a true spring
burst and plashed from my people's well.
When we were consumed by thirst
and stuck with summer sweat
we took it daily by bowl and pitcher.
It slaked and cooled us in fields
and bog. It throbbed through us
like a tonic – gave us life and laughter.
It washed us all, from the infant's
first bath to the corpse's last cleaning.

But for a long time now there is a snake
of pipe that sneaks in from distant hills
and in every kitchen, both sides
of the glen, water spits from a tap;
bitter water without spark
that leaves a bad taste in the mouth
and among my people
the real well is being forgotten.

"It's hard to find a well these days"
said old Bríd, filling up my bowl again.
"They're hiding in rushes and juking in grass,
all choked up and clatty with scum
but for all the neglect they get
their old mettle is still true.
Look for your own well, pet,
for there's a hard time coming.
There will have to be a going back to sources."

CÓS

I gCEANN MO THRÍ BLIANA A BHÍ MÉ

do Anraí Mac Giolla Chomhaill

"Sin clábar! Clábar cáidheach,
a chuilcigh," a dúirt m'athair go bagrach
agus mé ag slupairt go súgach
i ndíobhóg os cionn an bhóthair.
"Amach leat as do chuid clábair
sula ndéanfar thú a chonáil!"

Ach choinnigh mé ag spágáil agus ag splaiseáil
agus ag scairtigh le lúcháir:
"Clábar! Clábar! Seo mo chuid clábair!"
Cé nár chiallaigh an focal faic i mo mheabhair
go dtí gur mhothaigh mé i mo bhuataisí glugar
agus trí gach uile líbín de mo cheirteacha
creathanna fuachta na tuisceana.

A chlábar na cinniúna, bháigh tú mo chnámha.

AT THREE YEARS OF AGE

for Anraí Mac Giolla Chomhaill

"That's clabber! Slobbery clabber,
you scamp," barked my father threateningly,
as I sloshed and swilled
in a drain above the road.
"Out of that clabber with you
before you get perished!"

But I kept on kicking and splashing
and shouting gleefully:
"Clabber! Clabber! This clabber is my clabber!"
Although the word was just a word for me
until I noticed seeping into my wellies
and through every dripping fibre of my clothes
the cold shiver of understanding.

SCRÚDÚ COINSIASA ROIMH DHUL CHUN SUAIN

Faic na fríde de bhraodar
níor chuir d'anbhás, a thraonaigh,
ar thiománaí an innill bhainte.
Bhí aoibh go dtí na cluasa air
is an roth ag gabháil tharat.
"*Argentina attacking*," ar seisean,
ag strácáil do choirp lena chosa
is i snapchasadh amháin
bhuail sé urchar de chic ort
isteach i mbearna sa chlaí.

Níor dhúirt mé "sea" ná "ní hea."
"Is beag an díobháil a ghní béal druidte,"
a oileadh domh le blianta.
A Dhia! Is mé is suaraí amuigh. Féach
cáil mo mhacántachta
á caitheamh agam os comhair cách
dálta thodóg Havana
agus toisc faichill mo thóna féin
a bheith orm, tá riar a cháis
á choinneáil agam le gach caime.

Ó, a thraonaigh,
tá an tost ag cur do thuairisce anocht
is i measc na ndoilíos
ar mhéanar domhsa a dhearmad
anois gan sonrú

cuimhním ort.

AN EXAMINATION OF CONSCIENCE
BEFORE SLEEP

Not the slightest bit of bother
did your slaughter cause, little corncrake,
to the mowing machine's charioteer.
He grinned from ear to ear
as the wheel swept over you.
Argentina attacking, he cried,
dribbling the little ball of you
and with one turn on the fly
bulleted you straight through
a gap in the hedge.

I didn't utter a yea or a nay.
"A shut mouth catches no flies"
for years was drummed into me.
My God! This is the pits. Look at me
parading my honesty
before the wide world
like a Havana cigar
and because covering my own arse
is what I'm at, I feed the needs
of every foulness.

Little corncrake,
silence enquires after you tonight
and among the guilty griefs
I would prefer to bury
now and forever

I call you to mind.

SÉASÚIR

Bailc shamhraidh sna cnoic –
i dtitim throm thréan na fearthainne
cloisim míle bó bhainne á mblí.

I mbáine an gheimhridh sna cnoic
bíonn na bunsoip trom le sioc –
as a gcuid siní sileann tost.

SEASONS

A heavy summer shower in the hills –
In the teeming downpour
I hear a thousand cows being milked.

In the winter whiteness of the hills
thatch-eaves are heavy with frost –
from their teats, silence drips.

CÓS

AN BÁS

(splanc i siopa na bpeataí)

I gcás na gcnámh
chonaic mé éan creiche inné
i gclúmh glébhuí
é ag piocadradh i mo chroí.

Agus an béile ite –
is nach fios cén uair go cinnte –
immeoidh sé ar eite
in airde i dtreo na gréine,

ach ina ghob i bhfoirm cleite
beidh m'anam leis chun na firmiminte.

DEATH

(envisioned in a pet shop)

In a cage made of bone
yesterday I saw the raptor
bright in his amber plumage
pecking at my heart's core.

When the feasting is done –
at a time not yet assigned –
he will spread his wings and soar
higher than the sun's height.

But in his beak, airy as a feather,
he'll lift my soul to its uppermost zenith.

TRANSUBSTAINTIÚ

Idir an smaoineamh agus an briathar
tá dúichí oighir agus ceo.

Ach beidh mise le mo bheo
ag cascairt an tseaca, ag scaipeadh an cheo

ag gríosú is ag grianadh
le gaetha tintrí mo chroí

ionas go dtiocfaidh tú fós i mbláth,
tusa nach bhfuil ionat ach scáil.

TRANSUBSTANTIATION

Between the thought and the word
lie regions of ice and mist.

But while I live I will
splinter ice, scatter mist

stimulate and inflame
with my heart's lightning rays

that you may come to flower
who are as yet but shadow.

TAOBH THIAR

Ní ardaíonn tú i do shuan
Aon tearmann ná daingean

Le linn na hoíche bím ag siúl
I do shaol laistiar de mheall na súl

Atá níos dúchasaí ina ghoirme
Ná sais na Maighdine Muire.

Ar an taobh cúil d'fhocail
Tá a mhacasamhail de shaol.

BEYOND

Sound asleep, you put up
no barriers, no defences.

So at night, I haunt
the hidden world behind your eyes

that is a more vibrant blue
than the Virgin Mary's sash.

On the other side of words
I glimpse a similar world.

CÓS

MUIRBHÉ

Cérbh as í murarbh ón tsáile í? Caidé
eile a réiteodh
le feamainn rua na ndual, le glas na súl,
le suathadh síoraí
an bhrollaigh, le cáitheadh cúrach
na hanála adaí?

Is mar a thiontódh trá i Machaire Rabhartaigh
chas sí uaim i dtobainne
is ina diaidh níl fágtha ach raic na gcuimhní
ar chladaí m'intinne;
carraig chreimthe an chroí agus och,
na deora goirte.

MERMAID

From where did she come if not from the salt sea? What
other place could accommodate
that copper-fronded hair, those greygreen eyes,
the endless swell
of her breasts, the foaming spray
of that breathing?

And as a tide might turn in Machaire Rabhartaigh
all at once she turned from me
and in her absence there is nothing but the wrack of recollection
on the tidelines of my mind;
the worn rock of the heart and — oh
these salt tears.

TEARMANN

do Heather Allen

Istigh anseo in ísleán an tsléibhe
tá sé níos suaimhní ná séipéal tuaithe.
Siúlaim, bearád i bpóca, go tostach
síos cairpéad caonaigh na pasáiste,
síos idir na piúnna tortógacha,
is ag ardán na haltóra, seasaim bomaite,
is beochán beag gaoithe – an cléireach –
ag croitheadh túise fraoigh ar fud na háite.

Ach i séipéal seo an tsléibhe níl trácht
ar riail ná ar reacht is ní bhím cráite
ag cráifeacht bhorb na puilpide
ag bagairt léin ar lucht na hearráide.
Ní hé Dia na nDeor ná Dia na nDealg
Dia na Tíorántachta ná Dia na Trócaire
an Dia seo ar a bhfuil mé anois ag faire
ach Dia ar cuma leis mo chabhair nó mo chealg.

Anseo, is lena bheatha seachas lena bhriathra
a chuireann cibé Dia atá ann é féin in iúl;
gan aird aige ar chomharthaí ómóis ach oiread le haltú.
Foinse gach fuinnimh. Cruthaitheoir na nDúl.
Is leor leis a bheith ag borradh, ag bláthú
is ag brú chun solais i ngach brobh nuafháis.
Tá sé ag aoibhniú chugam i niamh gach datha
ag beoú an aeir faram lena bheatha.

Le gach anáil dá dtarraingím,
análaím chugam é ar an aer íon
chomh friseáilte le harán, chomh fionnuar le fíon.

SANCTUARY

for Heather Allen

Here in the mountain hollow
it is quieter than a country church.
My beret pocketed, I walk in silence
down the moss-carpeted aisle,
down between the tussocky pews,
and at the sanctuary, I pause awhile,
as a small breeze – the sacristan –
offers heathery incense to the surrounds.

There is nothing, however, in this mountain church
of rules or regimentation and I am not bruised
by the dry, dour pietism of the pulpit
threatening those who stray with retribution.
He is no God of Thorns no God of Tears
no God of Cruelty no God of Clemency
this God whose presence I attend,
but God indifferent to my spite or friendship.

Here, it is not in words but in presence
that whatever God there is makes himself known;
indifferent to gratitude as he is to reverence.
Wellspring of energy. Progenitor of the Elements.
He needs nothing more than to bud and to blossom
to press towards light with every newly shooting stem.
He beams towards me in the intensity of all colours
enlivening the air around me with his vitality.

With every drawing in of breath
I inhale him with the pure air
like new bread's freshness, like wine's cool depth.

Suibhne

1987

MA BOHÈME

Ag síobshiúl ó mhaidin ar an bhóthar go Londain
mothaím sú an tsamhraidh ag cuisliú i ngach ní.
Á! Féach! Faoi spreagadh steall ghréine tá burdúin
á gceapadh ag cnaipí práis mo bhrístí.

Ar bhruach an bhealaigh mhóir is an tráthnóna
ina phléaráca ó rírá na tráchta;
i mo shuí ar mo phaca, m'ordóg ag preabadh go beoga
mar loinneog in amhrán mo shiúlta.

Is mo chaorshnó déagóra chomh glé le fógra
ach má thiomáineann siad tharam ní bhímse míshásta
óir i mo fhoighdese tá fairsinge Sahára.

Is nach aoibhinn mar a chóiríonn giollaí gréine in ór mé?
Ó, táimse i m'ór-uige chomh mórluachach le Rí, cé
go bhfuilimse ar tí bheith i dtuilleamaí na déirce.

MA BOHÈME

Hitchhiking since morning on the road to London
I absorb the summer sap's universal uprising.
Ah look! A shaft of sunlight and the brass buttons
on my jeans are semaphoring epigrams.

Stuck on the side of the road and the evening
in a wild rave from the traffic flashing by;
perched on my rucksack, my thumb appealing
like a lively chorus in the song of my travelling.

My rosy-cheeked youth is a glowing statement
but if they pass on by, then let it be, let it be
my patience is wide as the sands of the desert.

How beautifully the sun-servants clothe me in gold.
My aura leaves me in awe of myself, although
I'm looking at being flat broke at the end of this road.

ATTIC

Chan fhuil oiread agus pána amháin gloine
gan trácht ar fhuinneoigín dín, a chroí,
ar an pholl mhífholláin seo faoi na creataí
a ligfeadh do sholas ó na réaltóga
sileadh anuas ar ár leabaidh,
ach is cuma sa riach is an borradh úd
ag oibriú ionam. Bruth na cruthaitheachta.
Druidfidh mé mo shúile go docht
is i bhfairsingeacht éagruthach na samhlaíochta
mar a bhfuil mianach na hoíche is na mistéire
cruthóidh mé m'fhirmimint féin anocht
i bhfilíocht. Is beidh spréach agus scóipiúlacht na spéire
le feiceáil ansin agat ar do thoil
fríd fhuinneoigín dín gach focail.

ATTIC

There's not as much as a single pane of glass
not to mention, dear heart, a skylight
into this unwholesome roofbeamed coop
that would allow starlight
to filter down onto our bed,
but that's of no matter when the fermentation
bubbles within me. The simmer of creativity.
I will shut my eyes tight
and in the unshaped vastness of the imagination,
in the kernel of the dark, at the core of mystery
I will tonight lay out my own firmament
in patterns of poetry. And the sky's sparkle and scope
will be for you to summon at will
in through the skylight of every word.

ANSEO AG STÁISIÚN CHAISEAL NA gCORR

do Michael Davitt

Anseo ag Stáisiún Chaiseal na gCorr
d'aimsigh mise m'oileán rúin
mo thearmann is mo shanctóir.
Anseo braithim i dtiúin
le mo chinniúint féin is le mo thimpeallacht.
Anseo braithim seasmhacht
is mé ag feiceáil chríocha mo chineáil
thart faoi bhun an Eargail
mar a bhfuil siad ina gcónaí go ciúin
le breis agus trí chéad bliain
ar mhínte féaraigh an tsléibhe
ó Mhín a' Leá go Mín na Craoibhe.
Anseo, foscailte os mo chomhair
go díreach mar a bheadh leabhar ann
tá an taobh tíre seo anois
ó Dhoire Chonaire go Prochlais.
Thíos agus thuas tchím na gabháltais
a briseadh as béal an fhiántais.
Seo duanaire mo mhuintire;
an lámhscríbhinn a shaothraigh siad go teann
le dúch a gcuid allais.
Anseo tá achan chuibhreann mar a bheadh rann ann
i mórdhán an mhíntíreachais.
Léim anois eipic seo na díograise
i gcanúint ghlas na ngabháltas
is tuigim nach bhfuilim ach ag comhlíonadh dualgais
is mé ag tabhairt dhúshlán an fholúis
go díreach mar a thug mo dhaoine dúshlán an fhiántais
le dícheall agus le dúthracht
gur thuill siad an duais.

Anseo braithim go bhfuil éifeacht i bhfilíocht.
Braithim go bhfuil brí agus tábhacht liom mar dhuine
is mé ag feidhmiú mar chuisle de chroí mo chine
agus as an chinnteacht sin tig suaimhneas aigne.
Ceansaítear mo mhianta, séimhítear mo smaointe,
cealaítear contrárthachtaí ar an phointe.

AT CAISEAL NA gCORR STATION

for Michael Davitt

Here at Caiseal na gCorr Station
I tracked my own secluded place,
my sanctuary, and my escape.
Here I am on the one note
with what's in me, what's around me.
Here I can feel my roots
as I survey the territory of my people
around the foot of Errigal
where they are three centuries settled
on the grassy hill-pastures
from Mín a' Leá to Mín na Craoibhe.
Here, spread out before me
just like an open book,
is the whole wide range
from Doire Chonaire to Prochlais.
Above me and below, I see the holdings
that were wrested from the jaws of wilderness.
This is the anthology of my people,
the manuscript they laboured over
with their sweat for ink.

Here every field is a stanza
in the great poem of cultivation.
Now I read this epic of determination
in the green vernacular of the holdings
and it is no more or no less than *pietas*
when I throw down my challenge to nothingness
as my people wrestled with their wilderness
until their grit and doggedness
earned them their due.

Here I feel poetry *can* make something happen.
I feel the stir of meaning, of my own meaning
pulsing to the heartbeat of my people.
And all of this overcomes desire, gentles thought,
dissolves the irreconcilable in the here and now.

CAORADÓIR

do Ghréagóir Ó Dúill

Ina chrága cranracha, ina shiúl spadánta
tá trí scór bliain de chruacht agus de chruatan,
de choraíocht bhuan le talamh tíoránta
an tsléibhe, ansiúd os cionn Loch Altáin.
Talamh gortach gann a d'ól le blianta
allas a dhíograise is a d'fhág é chomh spíonta,
chomh lomchnámhach le stumpán caoráin.
Agus na mianta a bhláthaigh i bhfearann a chroí
shearg siad go tapaidh de dhíobháil solais
i bProchlais iargúlta i mbéal an uaignis
san áit nach dtig aoibh ar an spéir ach go hannamh
is nach ndéanann an ghrian ach corrdhraothadh.

Ansiúd faoi scáth arrachtach an tsléibhe
níor aoibhnigh bean é le fuiseoga a póg
is níor neadaigh suáilcí an ghrá
aon lá riamh i bhfiántas a chléibhe.
Tá siúl an tsléibhe ag a thréad beag caorach
ó Abhainn Mhín an Mhadaidh go barr na Beithí
ach tá sé teanntaithe é féin ó bhí sé ina stócach
ag na claíocha críche atá thart air go bagrach
ach amháin nuair a bhíonn braon beag imithe chun a chinn.
Ansin éalaíonn a smaointe as raon a intleachta
mar chaoirigh siúlacha in ocras an gheimhridh
ag cuartú féaraigh i ndiamhra an tsléibhe.

Ansiúd is minic creathnú an bháis ina chroí
nuair a tchí sé cnáfairt cnámh ina shlí
nó a chuid madadh ag coscairt conablaigh
sna cnoic adaí atá lán de chiúnas agus de chaoirigh.
Agus dálta gheir rósta na muiceola is na feola
a bheir tinneas bhéal an ghoile dó gach lá
luíonn an dorchadas go trom ar a aigne –
an dorchadas a ramhraíonn anuas ón Achla
le teacht na hoíche is a líonann é le heagla.

Ansiúd san oíche ina chisteanach lom leacach,
cruptha ina chathaoir os comhair na tineadh,
bíonn sé ag humáil is ag hútháil faoina anáil
leis an uaigneas a choinneáil ó dhoras, an t-uafás
a bhíonn ag drannadh leis as an dorchadas
is a shleamhnódh chuige isteach ach faill a fháil
le creach a dhéanamh ina chloigeann,
go díreach mar a ghní na luchóga móra
crúbáil is creimseáil os a chionn ar an tsíleáil.

Fadó bhíodh a chroí ag bualadh le bród
nuair a bhíodh an Druma Mór ag teacht ar an fhód
go bríomhar buacach, Lá Fhéile Pádraig ar an Fhál Charrach.
Oícheantaí anois agus é ina luí ar a leabaidh
cluineann sé druma maolaithe a sheanchroí
ag gabháil in ísle brí agus ag éirí stadach ...

SHEEPMAN

for Gréagóir Ó Dúill

His stiffening hands, his knobbly bones,
carry sixty years of hardship and hardiness;
of endless grappling with the brutal tyranny
of the mountain there above Loch Altáin;
Mean hungry land that for years fed off
the sweat of his labours leaving him as spent
and skeletal as a weathered old bog-stump.
And the wishes that sprouted in the field of his heart
withered away for the want of light
out there in the cloudy gap of Prochlais
where the sky but seldom smiles
and the sun gives only the odd wry laugh.

Stuck there under the hulking shadow of Achla Mór,
no woman has ever thrilled him with the lark-song
of her kisses nor has any jubilation of love
ever had a chance to nest in the warmth of his breast.
His flock of sheep have the run of the place
from the Mín an Mhadaidh river to the top of Beithigh
but he himself since youth has been penned in
and bound by the menacing ditches
of his deprivation, except nights when the wee drop's
gone to his head, that's when his fancies leap
the mind's ditch, becoming like winter's hungry sheep
foraging for grass among nooks and crannies.

There's times when death sends shivers through him
when he sees a scattering of bones on his way
or when his dogs maul a fresh carcass
out in those lonesome hills where he wanders alone.
And just as the lard and the old dripping
of his daily fry-ups upset his stomach and guts,
the darkness lies heavy on his mind, the dank
gloomy dark that swills down from Achla Mór
at nightfall and sours all his thoughts.

He is there all night in his bare-flagged kitchen
slumped in his chair before the fire
muttering loudly to himself to keep the loneliness
at bay, cursing it away if only he could,
the black terror that snarls at him from the dark
waiting to sneak in given half a chance
to gnaw at his head and plunder his mind,
just like the big grey rats that claw and tear
at the ceiling above him when he falls silent.

Years ago his heart would pound and thump
with pride when the Big Drum paraded
triumphantly on St. Patrick's Day in Falcarragh.
Nights now as he lies alone in his bed he hears
the muffled drum of his own heart
as it weakens, loses its beat, begins to falter.

CÓS

SNEACHTA

D'éalaínn amach le teacht an lae
ar na maidineacha geala geimhridh adaí
is an sneachta ag titim mar chlúmh gé.

Bhíodh an tír chomh coimhthíoch le fásach;
na harda uilig ina ndumhcha is na bóithigh
cuachta go cruiteach, camaill chodlatacha.

Ba mhór an tógáil croí ar maidin go luath
an bhalbh-bháine adaí a bheith i mo thimpeall
is an saol á shamhlú agam ansiúd as an nua.

Tá an leathanach bán seo dálta thír an tsneachta
ag mealladh an pháiste atá istigh ionam amach
lena chuma féin a chur ar lom na cruthaitheachta.

SNOW

I used to sneak out just as it dawned
on those bright winter mornings
as the snow was falling like goose-down.

The countryside was as exotic as a desert;
all the uplands like dunes and the byres
huddled and humped, like camels resting.

The early morning would lift up your heart
in the white silence where I was immersed
while I and my world were being re-imagined.

This empty page reflects that snow-clad land
inviting the child still within me to go out
and create what he will on the waiting ground.

FOTHRACH TÍ I MÍN NA CRAOIBHE

do Noel Ó Gallchóir

Tá creatlach an tseantí
ag baint ceoil as an ghaoth;
gan doras gan fuinneog gan sclátaí dín
gach foscailt ina feadóg fhiáin
ag gabháil foinn.

Ó bhinn go binn
tá an teach tréigthe éirithe
ina shiansa stoirmspreagtha.
Mo cheol thú, a sheantí;
a leithéid de phortaíocht
ní chluinfí choíche
ó theach téagartha teaghlaigh
lá gaoithe.

A RUINED HOUSE IN MÍN NA CRAOIBHE

for Noel Ó Gallchóir

The skeleton of the old house
coaxes music out of the wind;
with no door no window no slate roof
every opening is a wild tin whistle
rattling out a tune.

From gable to gable
the deserted dwelling is rising
one storming session.
Mo cheol thú, old house!
Such virtuoso music
you wouldn't begin to hear
from a snug, sturdy home
the day the wind blows.

AN DÍBEARTACH

An tír seo bheith ag fonóid faoi gach rabhán dá ndéan tú de cheol

(i)
Ní thuigeann siad an buachaill seanchríonna
    a bhíonn ag cumadh ar feadh na hoíche
    thuas i gcnoic Bharr an Ghleanna.
    Tá a bhfuil ar siúl aige amaideach
    a deir siad thíos i dtigh an leanna –
    macasamhail an mhadaidh bháin
    a bhíonn ag cnaí chnámh na gealaí
    i bpolláin uisce ar an bhealach.

        Ach fós beidh a chuid amhrán
        ina n-oileáin dóchais agus dídine
        i bhfarraigí a ndorchadais.

(ii)
Ní duitse faraor
        dea-fhód a dhéanamh den domasach
        ná an Domhnach a chomóradh mar chách
        ná grá na gcomharsan lá na cinniúna
        ná muirniú mná faoi scáth an phósta
        ná dea-chuideachta an tí ósta.

    Duitse faraor
        dearg do-bhogtha Cháin
        a bheith smeartha ar chlár d'éadain.

LONER

(i)

They don't get that precocious young fellow
who spends the night pen in hand
above in the hills of Barr an Ghleanna.
A load of rubbish is what he's at
is what they say down in the pub –
the same as a white dog
gnawing at a sliver of a moon
in a pool by the roadway.

    And yet will his songs
    be islands of refuge and hope
    in the oceans of their darkness.

(ii)

Not for you alas
    to bring boggy ground to a fine tilth
    nor to celebrate the Sabbath in common
    nor the love of neighbours in times of need
    nor the caresses of wedded love
    nor good company in the tavern.

For you alas
    the scarlet mark of Cain
    ineradicable on your forehead.

MÁIRTÍN Ó DIREÁIN

Is tusa an fuascailteoir
a ghríosaigh is a threoraigh le do theacht
éirí amach na bhfocal.

As daingne díchuimhne
shaoraigh tú iad ó dhaorsmacht
le heochair d'inchinne.

Saoránaigh iad anois
a bhfuil a gcearta acu go beacht
i bpoblacht do dháin.

MÁIRTÍN Ó DIREÁIN

You are the liberator
whose coming ignited
the uprising of words.

From oubliettes of obscurity
you released them into the light
with the passkey of your mind.

They have become citizens
cognisant of their rightful place
in the republic of your verse.

SOINÉAD

In albam na cuimhne atá siad taiscithe,
an ceann catach, na súile macánta
agus tráthnónta galánta na Bealtaine.
Samhailteacha! Samhailteacha na cuimhne
as albam i rúnchomhad na haigne,
sin a bhfuil iontu, a bhuachaill na Bealtaine,
samhailteacha nach dtéann i ndíchuimhne.

In albam na cuimhne atá siad taiscithe
an ceann catach, na súile macánta
agus tráthnónta galánta na Bealtaine
ach amanta fosclóidh mé rúnchomhad na haigne
agus déanfaidh mé iad a aeráil i mo dhánta,
do cheann catach, do shúile macánta
agus tráthnónta galánta na Bealtaine.

SONNET

In memory's album I preserve these images,
O beloved boy, beautiful beyond words;
the glow from your hair, the light in your eyes,
and those fine evenings in May when the world
of you was mine, when we were entwined in joy.
Divine images secured now in the mind's safekeeping,
that's what they are, images of you, my Bealtaine boy.

In memory's album I preserve these images,
O beloved boy, beautiful beyond words;
but sometimes lovingly I unlock this world
of the mind and air your beauty in my poems,
the glow from your hair, the light in your eyes,
and those fine evenings in May when entwined in joy
you were mine, and only mine, my Bealtaine boy.

CÓS

CEANN DUBH DÍLIS

A cheann dubh dílis dílis dílis
d'fhoscail ar bpóga créachtaí Chríost arís;
ach ná foscail do bhéal, ná sceith uait an scéal:
tá ár ngrá ar an taobh tuathail den tsoiscéal.

Tá cailíní na háite seo cráite agat, a ghrá,
is iad ag iarraidh thú a bhréagadh is a mhealladh gach lá;
ach b'fhearr leatsa bheith liomsa i mbéal an uaignis
'mo phógadh, 'mo chuachadh is mo thabhairt chun aoibhnis.

Is leag do cheann dílis dílis dílis,
leag do cheann dílis i m'ucht, a dhíograis;
ní fhosclód mo bhéal, ní sceithfead an scéal
ar do shonsa shéanfainn gach soiscéal.

MY BLACKHAIRED LOVE

My dark-haired love, my dear, dear, dear,
Our kisses re-open Christ's wounds here
But don't breathe a word, don't break the spell,
Our love is on the wrong side of the gospel.

You have the local girls going daft each day,
Besotted, they try to turn and woo you away,
But you would rather this wayward kiss
As we caress and touch and rise to bliss.

Lay your dark head, my dear, dear, dear,
Lay your lovely head on my breast here,
I won't open my mouth, I won't break the spell,
For your sake I'd deny every gospel.

CÓS

DO JACK KEROUAC

do Shéamas de Bláca

The only people for me are the mad ones, the ones who are mad to live, mad to talk, mad to be saved, desirous of everything at the same time, the ones who never yawn or say a commonplace thing but burn, burn like fabulous yellow roman candles.

Sliocht as *On the Road*

Ag sioscadh trí do shaothar anocht tháinig leoithne na cuimhne
   chugam ó gach leathanach.
Athmhúsclaíodh m'óige is mhothaigh mé ag éirí ionam an *beat*
   brionglóideach a bhí ag déanamh aithrise ort i dtús na seachtóidí.
1973. Bhí mé *hook*áilte ort. Lá i ndiaidh lae fuair mé *shot* inspioráide
   ó do shaothar a ghealaigh m'aigne is a shín mo shamhlaíocht.
Ní Mín a' Leá ná Fána Bhuí a bhí á bhfeiceáil agam an t-am adaí ach
   machairí Nebraska agus tailte féaraigh Iowa.
Agus nuair a thigeadh na bliúnna orm ní bealach na Bealtaine a bhí
   romham amach ach mórbhealach de chuid Mheiriceá.
"*Hey, man, you gotta stay high*," a déarfainn le mo chara agus muid ag
   *freak*áil trí Chalifornia Chill Ulta isteach go Frisco an Fháil
   Charraigh.

Tá do leabhar ina luí druidte ar m'ucht ach faoi chraiceann an
   chlúdaigh tá do chroí ag preabadaigh i bhféitheog gach focail.
Oh, man, mothaím iad arís, na *high*eanna adaí ar Himiléithe na hóige:
Ó chósta go cósta thriall muid le chéile, saonta, spleodrach,
   místiúrtha;
Oilithreacht ordóige ó Nua-Eabhrac go Frisco agus as sin go Cathair
   Mheicsiceo;

Beat buile inár mbeatha. Spreagtha. Ag bladhmadh síos bóithre i gCadillacs gasta ag sciorradh thar íor na céille ar eiteoga na *mbennies.*
Thrasnaigh muid teorainneacha agus thrasnaigh muid taibhrithe.

Cheiliúraigh muid gach casadh ar bhealach ár mbeatha, *binge*anna agus bráithreachas ó Bhrooklyn go Berkeley, *booze, bop* agus Búdachas; Éigse na hÁise; sreangscéalta as an tsíoraíocht ar na Sierras; *marijuana* agus misteachas i Meicsiceo; brionglóidí buile i mBixby Canyon.

Rinne muid Oirféas as gach *orifice.*

Ó is cuimhneach liom é go léir, a Jack, an chaint is an cuartú.
Ba tusa bard beoshúileach na mbóithre, ar thóir na foirfeachta, ar thóir na bhFlaitheas.
Is cé nach bhfuil aon aicearra chuig na Déithe, a deirtear, d'éirigh leatsa slí a aimsiú in amantaí nuair a d'fheistigh tú úim adhainte ar Niagara d'aigne le *dope* is le diagacht.
Is i mbomaite sin na buile gineadh solas a thug spléachadh duit ar an tsíoraíocht,
Is a threoraigh 'na bhaile thú, tá súil agam, lá do bháis chuig Whitman, Proust agus Rimbaud.

Tá mo bhealach féin romham amach ... "*a road that, ah, zigzags all over creation. Yeah, man! Ain't nowhere else it can go. Right!*"
Agus lá inteacht ar bhealach na seanaoise is na scoilteacha
Nó lá níos cóngaraí do bhaile, b'fhéidir,
Sroichfidh mé croisbhealach na cinniúna is beidh an bás romham ansin,
Treoraí tíriúil le mé a thabhairt thar teorainn,
Is ansin, *goddammit*, a Jack, beidh muid beirt ag síobshiúl sa tsíoraíocht.

LET'S HIT THE ROAD, JACK

for Séamas de Bláca

The only people for me are the mad ones, the ones who are mad to live, mad to talk, mad to be saved, desirous of everything at the same time, the ones who never yawn or say a commonplace thing but burn, burn like fabulous yellow roman candles.

On the Road

Thumbing through your book tonight your hot-rod
rhythms and your long languorous riffs
blew me and I was back again to the dreambeat buzz
of youth that whirled my senses in the early seventies.
Yeah! 1973! I was hooked on you. Day in, day out I got
a blast of your words that jazzed up my mind
and sent my fancies loose on offbeat solos.
Then it wasn't Mín a' Leá or Fána Bhuí I was seeing
but the dusty plains of Nebraska and the
rolling prairies of Iowa.
And when the blues hit me, the breathy brooding blues,
I'd get ramblin' on my mind real bad, a
hobo longin' to be gone down that old Bealtaine
road that beckoned like an open freeway.
"Hey man, you gotta stay high," I'd say to my friend
as we freewheeled through California's Cill Ulta
into Frisco's Falcarragh.

Your book lies tight to my chest, every word
a heartbeat heartening me. Oh yeah man, here
they come again the highs I felt on the peaks of
youth as we coasted the coasts, you and me,

hobo aristos, reckless and free in an endless state of poetry,
trailing the railroad tracks and shacks of the outbacks,
brooding on the foghorn blues of the passing freight trains,
consorting with the boxcar bums of San Louis Obispo.
A mad beat to our lives, inspired, hotwired to speed
as we Cadillacaccellerated down speedways,
overtaking sanity on the wings of Benzedrine.
Frontiers swept past, pointers to eternity, as we
tuned-in and turned-on to life's freeway; to the
trumpeting wind, to the hallelujah of the hills,
to the husky timbres of the cottonwoods.
We lived for kicks, for high jinks. From Brooklyn
to Berkeley we binged and we buddied.
Booze, bop and Buddhism!
We gave ourselves up to beatific couplings, to
voluptuous mantras, to annunciations from the nebulae.
And on the mysterioso blues – soaked soil of Bixby Canyon,
we made an Orpheus of every orifice.

Oh, I remember it all, Jack, the westbound roar
of our talk, the wild mambo beat of our Mexticism,
the prairie nights of our illuminations,
the angel rhythms of our brotherhood.
You were the wide-eyed seer of the highway,
the keyed-up sage of the page,
the tenorman of uproarious prose searching for harmony,
searching for heaven.
And though there's no shortcut to the Gods, or so they say,
you made in-roads sometimes, you lit up a passage
when you harnessed the Niagra of your mind
with pot and with prayer.

And in those rapturous moments you generated a light
that gave you a glimpse of eternity, and that guided you, I hope,
on the breathless day of your death into the mystic,
to be at home with Whitman, Proust and Rimbaud.

And Jack, this road of mine leads just like yours, "all over creation.
Yeah man! Ain't nowhere else it can go. Right!"
And I'll take it all in, days on the bright side of the road,
nights on the dark side of the moon.
And a day will come when it's time to pass on, to cross over.
At the frontiers of fate, with sinister appeal, Death will be there
to smuggle me across to that airy beyond-land
and then, goddamit Jack, we'll both be hitchin
the blue highways of the Evermore.

cós

BÓ BHRADACH

D'éirigh sé dúthuirseach, déarfainn,
den uaigneas a shníonn anuas i dtólamh
fríd na maolchnocáin is fríd na gleanntáin
chomh malltriallach le *hearse* tórraimh;
de bhailte beaga marbhánta na mbunchnoc
nach bhfuil aos óg iontu ach oiread le créafóg;
de na seanlaochra, de lucht roiste na dtortóg
a d'iompaigh an domasach ina deargfhód
is a bhodhraigh é *pink* bliain i ndiaidh bliana
ag éisteacht leo ag maíomh as seanfhóid an tseansaoil;

de na *bungalows* beaga bána atá chomh gránna
le *dandruff* in ascaill chíbeach an Ghleanna;
de na daoine óga gafa i g*cage* a gcinniúna
dálta ainmhithe allta a chaill a ngliceas;
de thrí thrua na scéalaíochta i dtruacántas
lucht na dífhostaíochta, den easpa meanmna,
den iargúltacht, den chúngaigeantacht ar dhá thaobh an Ghleanna;
de na leadhbacha breátha thíos i dTigh Ruairi
a chuir an fear ag bogadaigh ann le fonn
ach nach dtabharfadh túralú ar a raibh de shú ann;

de theorainneacha treibhe, de sheanchlaíocha teaghlaigh,
de bheith ag mún a mhíshástachta in éadan na mballaí
a thóg cine agus creideamh thart air go teann.
D'éirigh sé dúthuirseach de bheith teanntaithe sa Ghleann
is le rúide bó bradaí maidin amháin earraigh
*chlear*áil sé na ballaí is *hightail*áil anonn adaí.

A BRADDY COW

He had taken, I'd say, just about all he could take
of the loneliness flowing unendingly down
through those bleak hills and valleys
slow and sluggish as a funeral hearse;
of the dead townlands of the foothills
as denuded of youth as they are of soil;
of the old braggarts, who tore down tussocks
turning the slough into rusted earth
and drove him demented year after year
glorifying the old sod of the old world;

of the small white bungalows as ugly
as dandruff in the boggy armpit of the Glen;
of the young caged and constrained by fate
like wild animals who had lost their cleverness,
of the triad of storied sorrow in the woefulness
of unemployment, of the collapse of hope,
of isolation, of closed minds both sides of the Glen;
of the fine specimens of men down in Tigh Ruairí
who delighted in making a man skip
but didn't give a fiddler's for what flowed inside him;

of tribal boundaries, of old family divisions,
of pissing his disappointments up against the walls
by which creed and community had confined him.
He'd had it up to here with being hemmed in by the Glen
and like a braddy cow breaking out one spring morning
he cleared those same confines, heading for other hills.

Homecoming / An Bealach 'na Bhaile

1993

LAOI CUMAINN

Anocht agus tú sínte síos le mo thaobh
a chaoin mhic an cheana, do chorp
teann téagartha, aoibh na hóige ort,
    anseo tá mé sábháilte
cuachta go docht faoi scáth d'uchta:
sleánna cosanta do sciathán
    mo chrioslú go dlúth
óir is tusa mo laoch, an curadh caol cruaidh
a sheasann idir mé agus uaigneas tíoránta na hoíche.

Is tusa mo laoch, mo thréan is mo neart,
mo Chú na gCleas agus níl a fhios agam i gceart
cé acu an luan laoich é seo
    atá ag teacht ó do chneas
nó gríos gréine. Ach is cuma. Tá mé buíoch as an teas,
as na dealraitheachta deasa ó do ghrua
    a ghealaíonn mo dhorchadas,
as an dóigh a ndéanann tú an t-uaigneas
a dhiongbháil domh le fíochmhaireacht do ghrá.

Anocht má tá cath le fearadh agat, a ghrá,
bíodh sé anseo i measc na bpiliúr:
Craith do sciath agus gread do shleá,
    beartaigh do chlaíomh
go beacht. Lig gáir churaidh as do bhráid.
Luífidh mé anseo ag baint sásamh súl
    as a bhfuil den fhear
ag bogadaí ionat, a dhúil, go ndéanfaidh tú do bhealach féin
a bhearnú chugam fríd phluid agus philiúr.

Agus is toil liom, a mhacaoimh óig,
gur anseo ar léana mo leapa
a dhéanfá le barr feabhais
    do mhacghníomhartha macnais,
gur anseo, i ngleannta is i gcluanta
mo cholla, a thiocfá i dteann is i dtreise
    is go mbeadh gach ball
do mo bhallaibh ag síorthabhairt grá duit
ar feadh shíoraíocht na hoíche seo.

Anocht chead ag an domhan ciorclú
leis na beo is leis na mairbh:
Anseo i dtearmann dlúth na bpóg
    tá an saol ina stad:
Anseo i ndún daingean do bhaclainne
tá cúl ar chlaochlú. I bhfad uainn
    mairgí móra an tsaoil:
na tíortha is na treabha a dhéanfadh cocstí
de cheithre creasa na cruinne lena gcuid cogaíochta.

Anocht, a mhacaoimh óig, bainimis fad saoil
as gach cogar, gach caoinamharc, gach cuimilt.
Amárach beidh muid gafa mar is gnách
    i gcasadh cinniúnach na beatha,
i gcealg is i gcluain na cinniúna.
Amárach díolfar fiacha na fola is na feola
    ach anocht, a fhir óig álainn,
tá muid i gciorcal draíochta an ghrá.
Ní bhuafaidh codladh orainn na crá.

CHANSON D'AMOUR

Tonight with you stretched beside me,
sweet progeny of love, your body
sinewy and strong, youth glowing from you,
      I am at ease here
tucked tight and safe in your embrace:
your arms like protective spears
      encircling me
for you are my champion, my slim strong hero
shielding me from night's oppressive loneliness.

You are my champion, my stalwart, my strength,
my Cúchulain, and I cannot rightly say
if that's a hero's aura
      radiating from your skin
or an afterglow from the sun. No matter. I bask in its warmth,
in your cheeks like living roses
      that lighten my darkness,
and in how you match the strength of loneliness
with the fierceness of your love.

If there's a war to be waged tonight, my love,
let it be here among the pillows:
shake aloft your shield and pound your spear,
      brandish your sword
with accuracy. Bellow a champion's war cry.
I will lie here getting ringside eyefuls,
of your manly deeds, my love, until you cut
your own passage through quilt and through pillows.

And it is my wish, dear youth,
that it is here on my bed's plain of combat
you attain the heights
        of your youthful wantonness,
that it is here in the nooks and valleys
of my body that you come into your strength
        and that every last piece
and part of me pleasures you with love
through all the eternity of tonight.

Tonight let the world revolve away
with its living and its dead:
here in the sanctuary of kisses
        the world has stopped:
here in the stronghold of your arm's embrace
extinction is no more. A plague on all
        the world's marketplaces:
the states and septs who would call down ruin
on the four corners of the globe with their conflicts.

Tonight, dearest youth, let us gain a lifetime
from every whisper, every fond look, every caress.
Tomorrow we will be caught up as usual
        in the weighty turnings of the world,
in the thorns and deceit of the way things are.
Tomorrow the dues of flesh and blood will be paid
        but tonight, my beautiful young man,
we lie within the magic ring that love has made us.
Neither sleep nor painful talk tonight will break it.

D'AINM

Dúirt tú liom agus tú ag imeacht
Gan d'ainm a lua níos mó ...

Agus rinne mé mar a dúirt tú, a mhian,
Rinne mé é,
Cé go raibh sé dian agus ródhian,
Chuir mé d'ainm as m'aigne,
Sháigh mé síos é
I gcoirnéal cúil na cuimhne.
Chuir mé i dtalamh é
I bhfad ó sholas na haithne ...

Rinne mé mar a dúirt tú, a chroí,
Ach mar shíol,
Phéac d'ainmse sa dorchadas,
Phéac sé agus d'fhás sé
I dtalamh domasaí mo dhoichill
Go dtí gur shín a ghéaga
Aníos agus amach
Fríd bhlaosc mo chinn is mo chéille ...

Dúirt tú liom agus tú ag imeacht
Gan d'ainm a lua níos mó ...

Ach níl leoithne dá dtig
Nach gcluintear an crann seo ag sioscadh ... Joe ... Joe.

YOUR NAME

You said to me, as you were leaving
Not to mention your name again …

And I did as you asked, my love,
Did as you asked.
Although it was hard and very hard,
I outlawed your name from my mind,
Forced it right back
Into the furthest recess of memory.
I buried it
Far below the light of recognition …

I did as you asked, dear heart,
But like a seed,
Your name sprouted in the darkness,
Sprouted and grew
In the boggy ground of my reluctance
Until it spread its shoots
Upward and out
Through my heart and my head …

You said to me, as you were leaving
Not to mention your name again …

But not a breath of wind blows
That doesn't whisper through this tree … Joe … Joe.

LÁ DE NA LAETHANTA

do Lillis Ó Laoire

Is cuimhneach liom Domhnach fadó fadó. Domhnach síoraí samhraidh a bhí ann. Chuaigh mé ar thuras i ngluaisteán gorm. Turas chun an tsolais.

Cealaíodh am agus aimsir; clog agus caileandar. Bhí mé ag tiomáint sa tsíoraíocht. Dia a bhí ionam ar deoraíocht.

Bhí sé te. I bhfíordhuibheagán na bhflaitheas thum mé *sponge* mo shamhlaíochta is nuair a d'fháisc mé é ina dhiaidh sin filíocht a tháinig ag sileadh as. Filíocht a thug fliuchadh agus fuarú.

Bhí an féar ag ceiliúr is ag ceol ar na crainn. Bhí na héanacha ag éirí glas sna cuibhrinn. Bhí na néalta ag méileach ar na bánta. Ní raibh oiread agus caora le feiceáil sa spéir.

Casadh sruthán orm a bhí ag fáil bháis leis an tart. Thosaigh mé ag caoineadh is tháinig sé chuige féin go tapaidh. Thóg mé cnoc beag a bhí ag siúl ar thaobh an bhealaigh. Dúirt sé go raibh sé ag déanamh cúrsa i dtarrtháil sléibhe. Is cuimhneach liom gur fhág sé a chaipín ceo ina dhiaidh sa charr.

Ach dúirt an ghaoth liom a casadh orm i mbarr an Ghleanna go raibh sí ag gabháil an treo sin níos déanaí is go dtabharfadh sí an caipín ceo ar ais chuige. An ghaoth bhocht. Tháinig mé uirthi go tobann. Bhí sí nocht. Ach chomh luath agus a chonaic sí mé tharraing sí an t-aer thart uirthi féin go cúthalach agus labhair sí liom go séimh.

Bhí siad uilig chomh cineálta céanna. Thug na clocha cuireadh domh suí ina gcuideachta is nuair a chiúnaigh siad thart orm go cainteach thuig mé cad is tost ann. D'éist mé le bláth beag a bhí ag seinm *sonata* ar phianó a pheiteal, ceol a chuir aoibhneas ar mo shrón. Tharraing an loch mo phictiúr.

Agus an lá, fear tí an tsolais, cuimhneoidh mé air go brách. Bhí sé chomh béasach dea-mhúinte agus é i mbun gnó; ag freastal is ag friotháladh ar mo chuid riachtanas. Níor dhruid sé na doirse is níor tharraing sé na dallóga go dtí gur dhúirt mé leis go raibh mé ag gabháil 'na bhaile. D'oibrigh sé uaireanta breise go díreach ar mhaithe liomsa.

Agus tháinig an oíche 'na bhaile i mo chuideachta, a corp slim sleamhain ag sioscadh i mo thimpeall; spéarthaí dubha a gúna ag caitheamh drithlí chugam. Mheall sí mé lena glórthaí.

Is cuimhneach liom Domhnach fadó fadó is cé go bhfuil luanscrios déanta air ó shin

Creidim i gcónaí sna míorúiltí.

DAY OF DAYS

for Lillis Ó Laoire

I remember one long long-ago Sunday. An everlasting summer Sunday. I went for a spin in a blue car. A spin towards the light.

Time and tide were suspended, so too clock and calendar. I was driving through eternity. I was a god at large.

It was hot. Into the deep abyss of the heavens I plunged the sponge of my imagination, and when I squeezed it afterwards, it was poetry that trickled from it. Poetry that refreshed and replenished.

The grass was singing and playing music in the trees. The birds were ripening in the small fields. Clouds were bleating in green meadows. There wasn't a sheep to be seen in the sky.

I met a stream that was dying of thirst. I began to weep and it perked up in no time. I picked up a little hill that was walking the roadside. He said he was following a course in mountain rescue. I recall that he left his cloud cap in the car.

But the wind that I came across at the top of the Glen said she would be going that way later and that she would return the cloud cap to him. The poor wind. I came upon her out of the blue. She was naked to the world. But as soon as she saw me she drew the air modestly around herself and spoke amiably to me.

They were all equally welcoming towards me. The stones invited me to join their company, and when they settled into mute conversation around me, I understood silence. I listened to a small flower that was playing a *sonata* on the keys of its petals, music that tickled my nose with delight. The lake sketched my likeness.

And the day, the *paterfamilias* of the light, I'll never forget him. He was so polite and mannerly going about his business; solicitous and attentive to all my requirements. He closed no door or drew no blind until I told him I was going home. He worked late hours just for me.

And the night conveyed me home, her sleek and slim body whispering around me; the dark sky of her dress scintillating towards me. She seduced me with her voices.

I remember one long long-ago Sunday and although it has been long since utterly devastated

I believe still and always in miracles.

IS GLAS NA CNOIC

do William Desmond

Mar bhláth fosclaíonn an ghrian amach
os cionn na cathrach —
Tiúilip theicnidhaite an tSamhraidh —
Agus cé gur minic a chaill mé mo mhuinín
agus m'aisling anseo i mbéal na séibe
agus cé go mbím goiríneach
ó am go ham le h*acne* na haigne
inniu aoibhním agus tig luisne
na mochmhaidine amach ar mo dhreach.

Anois piocaim suas Mín a' Leá agus Mayfair
ar an mhinicíocht
mhire mhíorúilteach amháin i m'aigne
sa *bhuzz* seo a mhothaím i mBerkley Square;
agus mé ag teacht orm féin le dearfacht
nár mhothaigh mé go dtí seo
i mo *vibe* féin, mo rithim féin,
rithim bheo na beatha ag borradh agus ag *buzz*áil
i bhféitheacha mo bhriathra.

Mar thréad caorach á gcur chun an tsléibhe
tá an trácht ag méileach
go míshuaimhneach ar na bóithre seo
ó Phark Lane go Piccadilly
agus sna ceithre hairde
tá na hoifigí … sléibhte glasliatha na cathrach
a ngrianú agus á n-aoibhniú féin
faoi sholas na Bealtaine:
den chéad uair braithim sa bhaile i gcéin.

FARAWAY HILLS

for William Desmond

Like a flower the sun opens
over the city –
the Technicolor tulip of summer –
and though too often I lurched
abruptly into darkness and disbelief
and though my mind
now and again erupts in pockmarks
today I beam and the glow
of first light enlivens my face.

Now I am tuning in to Mín a' Leá and Mayfair
on the same mad
miraculous frequency of the mind
in this buzz that's buzzing around Berkley Square;
and I'm finding my affirmation
in fresh and unfamiliar ways,
my own vibe, my own rhythm,
the stirring rhythms of life budding and buzzing
along the pulse of my words.

Like a flock of sheep being herded to the mountain
the traffic is bleating
restlessly along these roads
between Park Lane and Piccadilly
and in all directions
office blocks … the stony mountains of the city
are sunning themselves, basking
in the light of May:
for the first time I am at home abroad.

Na Buachaillí Bána

1996

AN LILÍ BHÁNDEARG

"Bhí gach ní nite ina nádúr féin"
Seán Ó Ríordáin

Siúlaim thart ar an tábla go míshoighneach. Seasaim bomaite beag
    os coinne na fuinneoige
ag stánadh ar na crainn ghiúise ansiúd i nGarradh an Chuilinn
    ag croitheadh a gcinn
is ag luascadh a ngéaga i ngaoth bogbhinn ó ghualainn an tSoipeacháin.
    Ólaim bolgam tae.
Cuirim caiséad ar siúl, coinséartó cláirnéide de chuid Mozart, ceol
    lán de lúth agus de láthar.
Scuabaim an t-urlár, ním na soithí, tugaim spléachadh go tapaidh
    fríd fhoclóir an Duinnínigh;
Caithim seanleathanaigh leathscríofa isteach i dtinidh na cisteanadh
    agus mé an t-am ar fad
Ag cuartú na cuimhne, ag ransú na haigne, ag tóraíocht sa tsamhlaíocht,
    ag lorg briathra béal-líofa,
Focla a bheadh beacht, braiteach, beannaithe, briathra bithbheo
    a bhéarfadh brí agus beatha
do mo dhán, a dhéanfadh á shoiléiriú agus á thabhairt chun solais:
    tá an lilí mhór bhándearg
ansiúd sa tsoitheach cré, gan bogadh, ag breathnú go súilfhoscailte.

Caithim orm mo chóta. Deifrím amach go driopásach, casaim ar chlé
    ag Tobar na Coracha,
suas Bealach na Míne agus amach malaí crochta Loch an Ghainimh
    go fíoruachtar na Malacha,
ach níl suí ná suaimhneas le fáil agam ó bhuaireamh seo na bhfocal.
    Pillim aríst ar an bhaile.

Tá an lilí san áit a raibh sí, suaimhneach, socair, seasta, séimh,
> tiontaithe i mo threo,
a ceann bláfar peitealach ag breathnú orm go ceanúil,
> ag beannú domh go stuama.
Stánann sí orm de shíor, gan an tsúil sin ariamh a chaochadh,
> súil gan amharc i leataobh;
súil ollmhór an cheana atá chomh tarraingteach, chomh lán de sholas
> le súil dhiamhair droichid.
An brú atá ormsa le mé féin a chur in iúl faoi scáth na bhfocal
> níl aon ghá ag an lilí
lena leithéidí. Ní theastaíonn ealaín na bhfocal uaithi le hí féin
> a nochtadh, a chur in aithne.
Is leor léithe a bheith mar atá sí, socair, suaimhneach, seasta,
> ansiúd sa tsoitheach cré.
Í féin a deir sí agus deir sí sin go foirfe, lena crot, lena cineáltas
> lena cumhracht, lena ciúnas.
Má shiúlaim róchóngarach dithe cuirim ar crith í, ar tinneall.
> Mothú ar fad atá inti
agus í ag breathnú agus ag braistint, ag ceiliúradh na beatha
> le niamh dhearg a hanama.
An é go bhfuil mé gafa i gciorcal draíochta an bhlátha seo, go bhfuil
> ciapóga ag teacht orm?
Ní hé go dteastaíonn uaim a bheith i mo lilí, cé go mbeinn sásta
> leis an chinniúint sin
in cé bith ioncholnú eile atá i ndán domh sna saoltaí romham amach.
> Níl uaim i láthair na huaire
ach a bheith chomh mór i dtiúin le mo nádúr daonna is atá
> an lilí seo lena dúchas lilíoch.
Níl uaim ach a bheith chomh mór i mo dhuine agus atá an lilí
> ina lilí – an lilí bhándearg.

THE PINK LILY

> *"Everything was washed in its own nature"*
> Seán Ó Ríordáin

Today, while writing, I'm enthralled by a large pink lily
blossoming in an earthenware pot on my window sill.
She is so still. She seems to repose in the stability of Truth.
She has no need to stain the silence with words.
I, on the other hand, don't know whether I'm having a strophe
or a stroke. Fretful and flustered I walk around the table.
For a moment, I stand by the window staring at an old
dishevelled pine tree in the garden swaying its ancient limbs
in a gusty wind. I take a sup of tea. Put on a CD, a clarinet concerto
of Mozart's, music full of joy and vigour. I sweep the floor,
do the dishes, flick through Dineen's Dictionary.
I toss half-written pages into the fire.
The whole time I'm rummaging in my memory, ransacking my mind
for that precise, perfect word, that blessed word that would bring
forth my poem, spirit it into the light. The big pink lily stares at me
wide-eyed from her clay vase. Motionless.

I pull on my coat, rush out in a hurry, up the grassy path
by the Well, across the bog and on up to a high ridge
beyond Loch an Ghainimh. Seeking that singular word that
eludes me, hoping to find it on this hilltop of vision.
The lack of that word distracts me, bothers me, gets under
my skin. I head back home. The lily is where she was.
Poised, elegant, assured. Turned towards me, her petal-tressed
face mulls over my flustered state. I'm held in the full beam
of her attention. Her look is unwavering. Enticing as a shaft of
sunlight luring you through the eye of a hump-backed bridge.

The lily has no need for this nonsense, this strain to fabricate
a word. She doesn't need poetic tricks to reveal herself.
She needs no more art than nature to declare her genius.
The nectar of serenity flows within her while she rests in this
earthenware vase. She speaks wordlessly with her whorl
of colour, her firm stem, her fresh sweet perfume.
If I step too close she tenses, trembles. She is all-seeing, all-feeling
singing life with the tongue of her lustre-red soul.
Does this sorceress entrance me, bewitch me? Perhaps!
I'm certainly bemused by her. I only know this –
I don't want to be the lily, not in this present life of mine
but maybe in some future life that awaits me. All I want now
is to be as in tune with my own nature as the lily is
with her liliness, to be as much Cathal as that lily is
Lilium, that lily in the pink.

CÓS

CATHAOIR UILLINNE

Tá an chathaoir
i gcónaí
ar a cosa

Socair, sochmaidh,
socheansaithe

Ina seasamh linn
de shíor
gan sárú,

Ar a dícheall
ag tabhairt
sásaimh.

Amanta
ba mhaith léithe
suí síos,
a scíste
a dhéanamh,
na cosa a chrupadh
fúithi,
osna faoisimh a ligean
as adhmad cruaidh
a cnámh,
a huillinneacha
a thrasnú ar a chéile;
éisteacht le ceol na coille
ina cuimhne;
meabhrú ar an Dia-chrann
as ar foinseadh í.

Anois agus an cat
Ag lí na gcos aici
mothaíonn sí
sú na coille
ag sní aríst ina cuislí;
an ghaoth
ag slíocadh a géag –
Ar crith,
is beag nach bpreabann sí as
a seasamh
le pléisiúr.

Ach mar is dual
do shearbhónta maith
coinneoidh sí smacht
ar gach mian;
iompróidh sí ar aghaidh
go righin, géilliúil,
stuama, seasta,
srianta

Nó go dtite sí
as a seasamh
lá inteacht
an créatúr bocht –

an créatúr bocht
adhmaideach.

ARMCHAIR

The chair
is always
on her feet.

Settled, sober,
submissive.

Standing by us
consistently
insurmountable.

Always and in all ways
anxious
to please,

At times
she would love
to sit down,
to take
her ease,
to fold her legs
under her,
to heave a sigh of relief
out from the hard wood
of her bones,
to fold her arms
one across the other;
to listen to the wood-music
that's deep in her memory;
to meditate on the god-tree
from which she was ungrafted.

Now with the cat
licking her feet
she feels
the sap of the woods
once more seeping through
her veins;
the wind
stroking her limbs —
Trembling,
she almost collapses
with the weight of pleasure.

But as is second nature
to a good servant
she will face down
all desires;
she will carry on
rigidly, respectfully,
restrained, steady,
and subjugated.

Until she falls
in a heap
someday, the poor thing —

the poor woodenheaded thing.

Out In The Open

1997

AG FAIRE DO SHUAIN

Ó, dá mba ar mo mhian a bheadh sé
    a bhuachaill na gréine
bheinnse ag taisteal anocht i gceithre
    críocha do cholainne;
tusa atá ag críochantacht liom
    go teolaí codlatach,
cuachta go caoin ar mhór-roinn na leapa
    i do ríocht rúnda.

Tá leithinis téagartha do choise ag síneadh
    uait amach, a dianghrá,
thar chlár mara an urláir; do mo ghriogadh
    'mo mhealladh is mo chrá.
Ó, bhéarfainnse a bhfuil agam agus tuilleadh
    'bheith i mo bhradán sa tsnámh,
i mbéal abhna do bhéil, ag lí agus ag slíocadh
    carraigeacha déadgheal do cháir.

Sínte os mo chomhair, a rún, i do thír
    dhiamhair thoirmiscthe,
santaím tú a thrasnú ó lochanna scuabacha do shúl
    go leargacha gréine do ghruanna;
ó mhachairí méithe d'uchta atá ar dhath
    buí-ómra na cruithneachta;
síos cabhsaí cúnga na rún go bun na dtrí chríoch ...
    ansiúd tá luibh íce mo shlánaithe.

Ó, ba mhaith liom mo shaol a thabhairt go héag
  ag dul i dtaithí ort, a ghrá,
ó cheann tíre do chinn go lomoileáin
  sceirdiúla do ladhra –
cé nach bhfuil tú ach beag baoideach, a mhian,
  is a chuid bheag den tsaol;
anocht agus tú spréite ar lorg do dhroma –
  tuigim dá bhfaighinn fadsaoil

Nár leor é ná a leath le fios fíor a chur ortsa,
  do chríocha is do chineál –
cé nach bhfuil tú ach beag baoideach, a chroí,
  tá tú gan chríoch …
ach mairfidh do chumhracht chréúil i gcónaí
  i mo chuimhne, is beidh d'ainmse,
a bhuachaill na gréine, ag sní i mo chéadfaí
  mar a bheadh abhainn ann, ag éirí

os a gcionn mar a bheadh sliabh ann …

WATCHING YOUR SLEEP

If I could have my heart's desire
with you, my lovely one,
I'd be on the move tonight, I'd be roving
all over the beloved boundaries
of your body, taking you in with all my senses,
every inch of you, the sheer loveliness of you,
as you lie here by my side, warm and snug,
tucked up tight in your sleepy kingdom.

Your foot's strong promontory
is thrust out, my love,
over an ocean of floor, teasing me,
tempting me, tormenting me.
Oh, I'd give all I have and more
to be a salmon swimming in the estuary
of your mouth, lolling and leaping
over the pearly rocks of your teeth.

As you repose here before me,
a fragrant, forbidden realm,
I want to go over you from the shimmering
lakes of your eyes to the sun touched slopes
of your cheeks, from the rich plains
of your chest, the amber yellow of wheat fields,
down to where the root of healing lies,
there in the secret mosslands of your crotch.

Oh, I'd like to live my life
sounding you out, my love,
from the summit of your head
to the clustering islands of your toes.
Even though you're only small
my precious one, a province of blood and bone,
that will one day go the way of all flesh,
tonight with you spread out expansively,

I know that if long life was granted me
it wouldn't be half enough to know you,
the sweep of you, the splendour of you.
Even though you're only small, my love,
I sense that the world of you is wide,
infinitely wide and boundless.
And your name, sweet soul, will linger
long in my memory and your scent, earthy

and strong, will course through my senses
like a river, rise above them like a mountain.

CÓS

DO NARAYAN SHRESTHA

(fear iompair a fuair bás in aois a scór bliain: Samhain 1996, Neipeal)

Imíonn na daoine ach fanann na cnoic

1

Ó do bhaile beag sléibhe
i Solukhumbu
tháinig tú linne – Éireannaigh
ar thuras chun an fhásaigh –
le pingneacha a shaothrú
mar fhear iompair ualaigh
agus mar ghiolla cistine.

Is beag a shíl tú
agus muid ag fágáil Kathmandu –
aoibh an áthais
ar d'aghaidh óg álainn –
gur anseo i mbéal an uaignis
i bhfiántas sneachta
a bheadh fód do bháis.

Fágadh thú fuar fann folamh
ar laftán sneachta –
bláth bán an bháis ag liathadh
lí is dealramh d'áilleachta –
tusa a bhí i gcónaí lán de chroí
is a raibh gríos na gréine mar lí
an óir ag lasadh do ghnúise.

Anocht táthar ag faire do choirp
ar láthair seo an léin
chan ar mhaithe le d'anam,
a Narayan bhoicht, a dheartháirín mo chléibhe,
ach ar eagla go ndeánfadh
na hainmhithe allta
do chnámha a stróiceadh óna chéile ar fud an tsléibhe.

Beidh cuimhne agam go brách
ar ghaethe gréine do gháire
ag éirí go lách
as na duibheagáin dhúdhonna
i do shúile
agus tú ag tabhairt tae chugam le teacht an lae.

Anois tá duibheagán dubh an bháis
ag drannadh idir mé agus tú –
mise ar bhruach an tsaoil
tusa ar bhruach na síoraíochta
agus gan bealach lena thrasnú
ach ar chlochán sliopach na bhfocal
ach na focail féin, faraor, anocht
táthar á mbriseadh i mo bhéal le tocht.

Déanfar do chorp a dhó is a dhúloscadh
amuigh anseo ar thaobh an tsléibhe
i dtalamh deoranta
i bhfad ó do ghaolta
agus ó phaidir a gcaointe.
Níl ar a gcumas
de bharr bochtanais is anáis, tú
a thabhairt 'na bhaile go Solukhumbu.

Dálta do bhunadh agus a mbunadh siúd
bhí seanchleachtadh agatsa
ó bhí tú baoideach óg
ar ualach a iompar —
ualach na bochtaineachta
ualach na hainnise
ualach na hiompartha —
ar a laghad, a Narayan dhil,
ní bheidh tú ag iompar
ualach na bhfód.

2

Déanann Shiva an scriosadóir
luaith de gach ní gan trua
le cead a thabhairt don Chruthú
toiseacht aríst as an nua.
Déanfar tú a ioncholnú
a dúirt tú i gcinniúint eile
ach ní fios domh do chruth
ná do chló i do bheoriocht úr,
cé acu an bpillfidh tú
chugainn mar luibh nó mar leanbh.

Is spéis liom dá bhri sin,
a Narayan, a chara na n-árann,
éisteacht go mion agus go cruinn
le scéalta reatha na gcrann —
le caidé atá na cuiteogai
a rá leis na clocha …

Inniu tchím an talamh is an tsíoraíocht
ag teacht le chéile
ar bharr an tsléibhe
i mbarróg dhearg seo na maidine.
Tá gach tráithnín féir ag cantaireacht
is ag éirí mar thúis
i láthair an tsolais.
Inniu tá do chuid luaithe,
a Narayan, a chroí,
ag canadh i mbeal na gaoithe …

FOR NARAYAN SHRESTHA

(a mountain porter who died aged 20:
November 1996, Nepal)

People pass, the hills remain

1
From your small mountain village
in Solukumbhu
you accompanied us – the Irish
travelling to wastelands –
to earn some rupees
as porter
and kitchen skivvy.

It's little you imagined
as we left Kathmandu –
happiness beaming
on your lovely young face –
that it would be in these remote parts
in a wilderness of snow
you would find the place of your dying.

Frozen, exposed, emptied of life
on a snow-covered terrace –
death's pale flowering turning to grey
the being and bloom of your beauty –
you who were always light-hearted
and in whose tanned skin the sun
seemed to light up your features.

Tonight your corpse is being waked
in this place of sorrow
not for your soul's sake,
poor Narayan, little brother of my heart,
but because we are afraid
that wild animals
would scatter your remains
all over the mountain.

I will forever remember
the sunrays of your laughter
gently rising
from the dark brown pools
of your eyes
as you brought me tea
at daybreak.

Now the deeper abyss of death
snarls between you and myself —
me on the shore of the world
you on the shore of eternity
and there is no way across
but the treacherous stepping stones of words
and even the words in my mouth, alas,
tonight are being ground to pieces with grief.

Your body will be burned to ashes
out here on the side of the mountain
in alien territory
far from your people
from their funeral chant.
They have nothing
left from want and destitution
to bring you home to Solukhumbu.

Like your people and your people's people
you were well practised
since childhood
at bearing a burden –
the burden of poverty
the burden of misery
the burden of bearing –
at least, dear Narayan,
you will not have to bear
the weight of the earth.

2

Shiva the destroyer
makes callous ashes of all
so that Creation may
begin all over again.
You will be reincarnated
you said into some other destiny
but I do not know your shape
or shadow in your new life-form,
whether you will revisit us
as blossom or as babe.

So I am all anticipation,
Narayan, my heart-companion,
to listen minutely and keenly
to the current gossip of trees –
to what the earthworms
whisper to the stones …

Today I see the eternal and the earth
coalescing
on the mountaintop
in the rosy embrace of morning.
Every blade of grass is chanting
and rising like incense
to acknowledge the light.
Today your ashes,
Narayan, dear heart,
sing in the mouth of the wind.

DO ISAAC ROSENBERG

Le bánú an lae agus muid ag teacht ar ais
i ndiaidh a bheith ag suirí i mbéal an uaignis
d'éirigh na fuiseoga as poill agus prochóga Phrochlais

agus chuimhnigh mé ortsa, a Isaac Rosenberg,
cathshuaite i dtailte treascartha na Fraince, ag éisteacht
le ceol sítheach na bhfuiseog le teacht an lae

agus tú ag pilleadh ar do champa, thar chnámha créachta
do chairde, ruaithne reatha na bpléascán, creathánach,
ag deargadh an dorchadais ar pháirc an chatha.

Ag éisteacht le meidhir na bhfuiseog idir aer agus uisce
thaibhsigh do dhánta chugam thar thalamh eadrána na síoraíochta, líne
ar líne, stadach, scáfar mar shaighdiúirí ó bhéal an áir

agus bhain siad an gus asam lena gcuntas ar an uafás:
as duibheagán dubh na dtrinsí, as dóchas daortha na n-óg, as ár
agus anbhás, d'éirigh siad chugam as corrabhuais coinsiasa –

mise nach raibh ariamh sa bhearna bhaoil, nach dtug
ruathar marfach thar an mhullach isteach sa chreach,
nár fhulaing i dtreascairt dhian na fola;

nach bhfaca saighdiúirí óga mar a bheadh sopóga ann, caite
i gcuibhrinn mhéithe an áir, boladh bréan an bháis
ag éirí ina phláigh ó bhláth feoite a n-óige;

nach raibh ar maos i nglár is i gclábar bhlár an chatha,
nár chaill mo mheabhair i bpléasc, nár mhothaigh an piléar
mar bheach thapaidh the ag diúl mhil fhiáin m'óige.

Ó, na hagair orm é, a Isaac Rosenberg, d'ainm a lua,
mise atá díonaithe i mo dhánta i ndún seo na seirce
agus creach dhearg an chogaidh i gcroí na hEorpa go fóill.

Ach bhí mo chroí lasta le lúcháir agus caomhchruth álainn
mo leannáin le mo thaobh, gach géag, gach alt, gach rinn,
gach ball dá bhallaibh ó mhullach go talamh mo mhealladh,

sa chruth go gcreidim agus muid i mbaclainn a chéile
go bhfuil díon againn ar bhaol, go bhfuil an saol lán d'fhéile,
go bhfuil amhrán ár ngrá ina gheas ar gach aighneas.

Agus tá na fuiseoga ag rá an ruda chéanna liomsa a dúirt siad leatsa
sular cuireadh san aer thú, sular réabadh do chnámha –
Is fearr cumann agus ceol na cogadh agus creach;

agus cé nach raibh mé ariamh i mbéal an chatha
agus cé nach bhfuil caite agam ach saol beag suarach, sábháilte,
ag daingniú mo choirnéil féin agus ag cúlú ó chúiseanna reatha;

ba mhaith liom a dhearbhú duitse, a fhile, a d'fhan go diongbháilte
i mbun d'fhocail, a labhair le lomchnámh na fírinne ó ár an chatha –
go bhfuil mise fosta ar thaobh an tsolais, fosta ar thaobh na beatha.

FOR ISAAC ROSENBERG

Returning at break of day from our joyous
tryst amongst the hills, we heard the thrill of larks
above the braes and the bogholes of Prochlais.

And I thought of you, Isaac Rosenberg, war-weary
in the torn fields of France, your upturned face
rapt in joy listening to lark-song at dawn,

As you dragged your body back to camp over the bones
of the restless dead; the flickering rumble
of bursting shells reddening the horizon.

Listening to the larks there between air and water brought
your poems to me, line by line, across a cratered no-man's land
of shadows like soldiers coming back from the line of fire.

And they stopped me in my tracks with horror
at the pitiless carnage of war and the blasted hopes of youth,
and I felt ashamed of my own ease and cant.

I, who never had to witness the gutted earth of war,
who never had to push over the top into doom,
who never had to endure the gushing blood of dying men.

I, who never saw the mouldering dead trampled down
like dung into fertile fields of slaughter, or smelt
the deathly stench of plague rising from blighted youth.

I, who never slogged through the sucking mud of battle,
who never bayoneted some stout young heart or felt the hot sting
of a bullet like a wild bee sucking out my life's sweet sap.

Oh, forgive me, Isaac Rosenberg, for invoking your name
from this safe place, composed as I am in my stronghold of love
while the red wound of war still rankles in the heart of Europe.

But in my heart, dear poet, I was light with joy for my lover
was at my side, each sinewy limb of him, each bit
and rim of his beautiful body satisfying me, assuring me

that, when we hold each other closely, we are safe
in love's charmed embrace, that life is full of promise
and that the song of our love wards off all harm.

That these larks proclaim the same unfaltering note of hope
to me as they did to you, and that the autonomy of love
is mightier by far than any reign of terror and war.

And though I have not ever fought on the barricades,
though I have lived a quiet life apart, timid and compliant,
tending to my own small interests and dodging the Issues,

I want to assure you, brave poet, who did not stint with your words
but voiced your outrage at the patriotic rant of war,
that I'm with you on the side of light, with you on the side of life.

CÓS

Ag Tnúth Leis an tSolas

2000

DO FELIM EGAN, EALAÍONTÓIR

Dumhach Trá

Tá sé ag siúl na gcladach gach lá,
        ag bailiú rún feasa agus diamhair
ó na híomhánna,
        a thig chuige ó bhéal na trá.

Tá sé amuigh ansiúd ag baint sásamh
        as na reanna liatha, as na himeallchríocha
atá ag síneadh
        idir an saol agus an tsíoraíocht.

Tá sé ag comhrá lena chairde i dteanga na céimseata;
        an líne dhíreach dhearfa a shiúlann leis sa tslí;
an ciorcal machnamhach, súilfhoscailte,
        an chearnóg a thugann cothrom na Féinne do gach taobh.

Tá sé ag cur cóiriú ceoil ar dhathanna Dhumhach Trá;
        ag déanamh *aria* mallghluaiste den ghlas;
allegro con brio den ghorm;
        agus *rondo* mórchroíoch den bhuí.

Cnoc Fola

Anseo tá clagarnach claíomh
      le cluinstean
I ngaoth pholltach na Rinne
      ag tógáil bruíne.

Anseo tá blaoscanna cinn
      carnaithe
ina gclocha duirlinge
      i gcladaigh agus i gcuibhrinn.

Anseo tá fuil na gréine
      smeartha
ar bhéal an tráthnóna
      ó Thoraigh go Gabhla.

Anseo is doiligh d'ealaíontóir
      éaló
ó láthair an chatha, ó lorg an áir
      a tharla fadó.

Anseo scréachann cneá dhearg na staire
      as a canbhás.

FOR FELIM EGAN, ARTIST

Sandymount

He walks the tidelines every day
        searching out arcane knowledge and mysteries
from those images
        washed up to him on the beaches.

He is out there enjoying
        the grey headlands, the liminal strands,
that stretch out
        between earth and eternity.

He speaks to friends in the language of geometry;
        the unambiguous straight line that follows him;
the contemplative open-eyed circle,
        the square that offers fair play to all sides.

He makes music from the colours of Sandymount;
        a stately *aria* from green;
allegro con brio bouncing out of blue;
        and a *rondo* with a warm amber heart.

Bloody Foreland

Here the clash of swords
        is audible
in the piercing headland wind's
        battle-clamour.

Here bare skulls
        are piled
as shingled rocks
        on seashores and small fields.

Here the blood of the sun
        is smeared
on the face of the evening
        from Tory to Gola

Here an artist struggles
        to pull free
of the battlefield, of the shreds
        of long ago carnage.

Here the crimson wound of history howls
        from his canvas.

AN CRANN AG CAINT

do Brian Kennedy

1

Is mise an crann a scriosfar,
a chuirfear ó bhláth, amárach, go brách.

Gearrfar mo mhaorgacht gan trócaire;
Fágfar mo ghéaga spréite
i salachar na sráide –
mo ghéaga téagartha.
Goidfear bláth bán mo gháire.

Scriosfar a bhfuil i dtaiscidh agam
i smior na gcuimhní;
mo chéad deora áthais; mo chéad duilleog dhóchais;
an chéad siolla ceoil a chuisligh i mo ghéaga;
an chead earrach a chur culaith ghlas orm.

Na scéalta eachtraíochta a tháinig chugam
ó na héanacha; na neadracha a bhláthaigh
faoi chúram craobhach mo shúl;
na stoirmeacha a cheansaigh mé
i mboige mo bhaclainne;

Na páistí a luasc idir an saol agus an tsíoraíocht
i mo chraobhacha; na cogair rúin
a hinsíodh domh faoi choim na hoíche;
an ghealach a ghléas mé i lása óir an fhómhair;
na haingle a thuirling orm sa tsneachta.

2

Le teangaidh bhéal-líofa na nduilleog
chosain mé go seasta, colgach,
an spás seo ina mbeathaím;
ina gcraobhscaoilim go machnamhach
na smaointe glasa a thig chugam san earrach.

Le siolta dea-mhéine, chlúdaigh mé
an spás talmhaí seo i mo thimpeall le dearfacht,
mar cheiliúradh ar an spiorad coille
a d'adhmadaigh istigh ionam go teann
agus mé ag teacht i gcrann.

Agus amárach nuair a dhófar mé,
nuair a dhéanfar toit de mo chnámha,
aontóidh mé leis an spéir, an spéir thintrí!
a líon mo shamhlaíocht ó dhubh go dubh
le niamhaireacht, le solas!

THE TREE SPEAKS

for Brian Kennedy

1

I speak, a tree about to be destroyed,
never again to blossom, from tomorrow, nevermore.

My majesty will be lopped, without mercy.
My limbs left sprawling
in the filth of the street –
my limbs fine and stalwart.
The white flower of my laughing they will steal.

They will destroy what I have stored
in the marrow of memory:
my first tears of joy; my first sprouting of hope;
the first note of music to pulse through my limbs;
the first spring that dressed me in green.

Tales of adventure carried to me
by the birds; the nesting places that thrived
under my foliaged supervision;
the storms I calmed
in the cushion of my embrace.

The children who swayed between earth and eternity
on my branches; the secret whispers
imparted to me in the dead of night;
the moon that robed me in the golden lace of autumn;
the angels who descended on me as the snow fell.

2

With the fluency of leaves as my language
I would bristle unwaveringly in defence
of this place where I am nourished;
where in meditation I propagate
the verdant ideas that come to me in spring.

With seeds of benevolence, I broadcast
affirmation in the earth that encircles me,
in celebration of the wood spirit
that ingrained itself into my rings
as I branched out into myself.

And tomorrow when I am burning,
as my bones blacken into smoke,
I will become one with the sky, the fiery sky,
that filled my mind from dawn to dusk
with resplendence, with light!

AN FEAR GLAS

do Patricia Craig

As na cúlchríocha tig tú chugainn ar dhroim na gaoithe;
géagscaoilte, garbhánta, boladh an aiteannaigh ar ghlasghála
d'anála; úsc an chaoráin ar fhód glas do theanga;
ealta éan ag ceiliúr i nduilliúr ciabhach do chúil.
Tig tú ag spreagadh an tsíl, ag cur síneadh i rútaí,
ag gríosadh lí na gréine i ngnúis liath an Aibreáin.

Tá scamaill i bhfostú i do ghéaga agus éanacha beaga
na spéire ag neadú i bhfraoch do chléibhe, i bhfál do ghabhail.
Sciúraíonn tú an mhaidin le garbhshíon na gcuach,
sa chruth go gcuirtear luisne úr i luibh is i lus, i dtom is i sceach.
Nuair a bhaineann tú searradh as do chnámha earraigh,
cluintear méileach sna cuibhrinn agus cuacha sna crainn.

I mínte an tsléibhe, téann solas do shúl i bhfód ionainn.
Tig bachlóga ar ár ndóchas.

THE GREEN MAN

for Patricia Craig

From the back-country you come to us, riding the wind;
loose-limbed, uncouth, the smell of furze on the verdant squall
of your breath; bogland ooze on your tongue's grassy sod;
a flock of birds singing in the foliage of your flowing hair.
You come quickening the seed, stretching roots,
animating sunlight into the grey countenance of April.

Clouds tangle in your limbs, and the small birds of the air
nest in the heather of your flanks, the bush of your crotch.
You scrub the morning with the squalls of cuckoo-time,
so there's a new glow on blossom and bud, bush and branch.
When you reach and stretch your springtime bones,
bleating suffuses the small fields, cuckoo-song the trees.

On hill meadows, the light from your eyes roots in us.
We burst out in little buds of hope.

I nGAIRDÍN GHLEANN BHEATHA

do Sheán Ó Gaoithín

Anseo tá na garraíodóiri ag obair go dian
i ndomasach an tsléibhe;
ag tochailt agus ag tacú,
ag saothrú go rithimiúil sa ghrian,
ag coinneáil súil ar a bhfuil ag aibiú,
ag feo, ag giollaíocht ar aon rian
is cosúil, leis an ghairdín a choinneáil ag bláthú.

Ach níl ainmneacha na mbláth agam, faraor,
na teangaidh don aoibhneas datha seo;
mise a chuireann an oiread sin béime
ar nithe a ainmniú go beacht,
tá mé balbh i láthair
na bláfaireachta seo go léir
a niamhraíonn chugam
ón chréafóg agus ón fhéar.

Agus seo mé go tuatach, ag tochailt
in ithir dhomasaí na teanga;
ag scaipeadh siollaí mar shíolta
in iomairí na filíochta;
ag súil go dtiocfaidh bláth orthu
ar ghas an bhriathair —
ionas go mbeidh a fhios agam go beacht
lá inteacht, amach anseo,
a n-ainm, a n-aicme is a n-éagsúlacht.

IN GLENVEAGH GARDEN

for Seán Ó Gaoithín

Here the gardeners are hard at it
in the boggy soil of the mountain;
shovelling and supporting,
a rhythmic sunlit labouring,
a sharp eye for what's ripening,
what's withering, all attention to any scrap,
it seems, that might protect
this garden's blossoming.

But I am, I fear, botanically challenged
with no language for this dappled loveliness;
I who specialise in cultivating
and classifying things in the light of words
am now struck dumb in the presence
of all this florescence
that shines towards me
from turf and from tilth.

And here I am, awkward, digging
in the boggy soil of my language;
scattering syllables like seeds
in the ridges of poetry;
hoping they will sprout
on stems of vocabulary –
so that I will know precisely
someday, in time to come,
their class, their species, those infinite taxonomies.

AN tEARGAL

Agus tú sna blianta deireanacha
cromadh agus liathadh na haoise ag teacht ar do chorp,
ghlac an tEargal seilbh ort.

Spréigh sé a ghéaga beannacha
thart ort go teann. Ar ard a dhroma, thógadh sé
leis chun na spéire thú, uair sa ré.

Líon sé do shúile, do shamhlaíocht,
lena liathacht, lena láidreacht, lena loinne.
D'fhág sé d'inchinn i nglas binne.

D'fhás feasóg fraoigh ar leargacha
do leicinn, scraith ar do shúile, crotal liathbhán
ar bhínn do chinn ó bhun go héadan.

Tráthnónta agus an ghrian ag gabháil faoi
luíodh an solas ort go sochmaidh, ag baint gealáin
as grianchloch do ghruaidhe, as eibhear d'éadain.

D'éirigh do bhriathra géar agus spíceach;
clocha sciligh a sciorr anuas achan lá le fánaidh
ó mhalaidh crochta do theangaidh,

Diaidh ar ndiaidh, chrioslaigh sé thú
lena dhúnáras rúnda, lena dhúchas dúr, lena mhúr draíochta.
D'ordaigh sé leis thú chun na síoraíochta.

Nuair a amharcaim ar an tsliabh anois
stánann tusa orm go síoraí ó gach starrán, ó gach ball.
Tá seilbh glactha agat ar an Eargal.

ERRIGAL

In your last few years
as your body hunched and greyed with age
Errigal took possession of you.

It spread its angular limbs
tightly around you, shouldering you
every so often high up towards the sky.

It filled your eyes, your imagination
with its muscular, grey bareness.
Your mind was immured in its peak.

A heathery beard clung to the slopes
of your face, a scraw on your eyes, hoary lichen
from the back of your head to your forehead.

In the evenings, at sunset, the light
lay placidly on you, coaxing a gleam
from your quartz cheek, your granite forehead.

Your language grew sharp, became spiked;
a rockfall of scree slid every day
from the steep incline of your tongue.

Slowly but surely, you were crystallized
by its citadel, its gloomy face, its spellbound wall.
It enthralled you towards its eternity.

Now when I look at the mountain
your stare is constant from every overhang and hollow.
You have taken possession of Errigal.

Gúrú i gClúidíní

2006

BARD

Is tusa an bradán feasa
i linn na héigse.
Is tusa carria na mbeann
ar bhuaic na tuigse.
Is tusa an cór ainglí a chuireann
rithimí diaga sna reanna neimhe.
Is tusa farraige na filíochta
ag teacht i dtír i gcuanta ar gcéadfaí.
Is tusa teanga na gcúig dhúile
a thugann urlabhra na mbeo
dá bhfuil ionainn anois agus go deo
den tinidh agus den talamh,
den spéir, den uisce agus den aer.

Is tusa teanga thús an tsaoil.
Is tusa teanga an tSolais a las an lom.
Is tusa an Briathar, an tAdamh bunaidh
a bheartaigh a bhfuil ann, a bheathóidh a mbeidh ann.
Is tusa an tOm síoraí
a cheansaíonn croí na cruinne.
Is tusa an teanga ársa
a análaíonn na cnoic, na clocha is na caoráin
i bpoblacht ár ndúchais.
Is tusa teanga bhéal an Earraigh
ag gríosadh dán na glaise as corp an Gheimhridh.

Inniu tá baird uaibhreacha do chine,
na glúnta agus na glúnta
de dhraoithe agus de shaoithe,
ag caint linn go tomhaiste
as béal binn do dháin.
Inniu is tusa an smaolach fonnmhar
ag portaíocht i mínte fraoigh m'uaignis.
Inniu is tusa an bard beo
a chuireann gaoth an bhriathair
ag séideadh ina stoirm shíobtha
fríd dhomhan mo dháin.

BARD

You are the wise salmon
pooled in poetry.
You are the antlered stag
at the summit of understanding.
You are the choir of angels that instils
divine rhythm in the ranks of heaven.
You are the deep of poetry
making landfall in the harbours of our senses.
You are the language of the five elements
that gives the utterance of the living
to that which is in us now and forever
of fire and of earth,
of sky, of water and of air.

You are the tongue of earth's beginning.
You are the tongue of the light that illuminates the void.
You are the Word, original Atom
that determined all that is, will nourish all that will be.
You are the eternal Om
that regulates the world's heartbeat.
You are the aboriginal language
breathed by the hills, the rocks and the moors
in the commonwealth of our own selves.
You are the first utterance of Spring
coaxing green poetry from Winter's corpse.

In our days the proud bards of your people
generation upon generation
shaman and soothsayer
speak measures to us
through the sweetness of your poem.
Today you are the spirited thrush
animating the heathery plains of my loneliness.
Today you are the bard incarnate
who sends the wind of the word
whirling in a great storm
through my poem's world.

PRASHANT AGUS É BLIAIN GO LEITH

A Ghenghis Khan, a thiarna rí an tí,
tig tú le marcshlua na gceithre ghéag
ar chosa in airde thar iatha allta an urláir,
ag ionsaí tír ghorm na gcupaí agus cathair
ard na cathaoireach. Níl aon ní sábháilte
nuair a thig tú de sheirse tobann ó Mhongolia
cheann an staighre, do gháir chatha scanrúil
ag sceimhliú cat na gcomharsan. Imríonn tú, a dhia

beag na hardchumhachta, lámh láidir agus cos ar bolg
ar phobal séimh na d*teddys* atá ag cur fúthu ar mhachaire
méith na leapa. Glacann tú seilbh ar a dtailte agus a dtiarnais
agus díbríonn tú iad go dúchríocha chúl na leapa.
Déanann tú léigear buile ar phriosbhaile na mbrioscaí
go dtí go ngéilltear duit am tae, a thiarna rí.
Ansin cuireann tú deireadh le réim na m*Bourbon Creams*.
Go dtitfidh do chodladh ort ar a naoi, ní bhainfear do
chumhacht díot, a chroí.

PRASHANT AT EIGHTEEN MONTHS

O Genghis Khan, little lord and master of the house
you charge your one-man four-footed cavalry
in a wild gallop across the trackless steppes of the floor,
attacking the blue territory of the crockery, and the high
citadel of the chair. Nothing whatsoever is safe
when you make a sudden onslaught from the Mongolia
of the landing, your wild ululating war-whoop
terrifying the neighbours' cats. You impose, little god

of absolute powers, the high hand and the stamping foot
on the peaceful settlement of teddies dwelling
on the fertile plains of the bed. You seize their lands and lordship
and banish them to the shadowy lands behind the headboard.
You lay fanatical siege to the fortified biscuit-press
until your majesty accepts unconditional teatime surrender.
Thus ends the long reign of the Bourbon Creams.
Until nine o'clock bedtime, dear heart, your wish is our command.

KATHMANDU I mBUN A CÚRAIMÍ

do Prem Timalsina

Le teacht an lae músclaíonn sí mé i dtobainne
le glao coiligh a póige.
Nuair a fhéachaim amach ó m'fhuinneog mhullaigh,
tchím í ag siúl na sráide i *sari* bui-ómra na maidine;
bruth anála a tráchta ag éirí chugam ina mhúr teasa.

Níl suí suaimhnis aici anois ach í ar a cosa
ag cur líon a muintire ina suí;
á ndúiseacht le cága callánacha a gutha, á ngríosú
is á ngiúmaráil lena n-aghaidh a thabhairt go breabhsánta
ar an lá atá ag buíú as meall gréine a súl.

Am lóin, ó bhalcóin an óstáin, tchím í
sínte ina cnap codlata,
a cabhail chathrach spréite go hanásta, i tnáite ón lá,
basár a brollaigh ag borradh le saothar tráchtála,
dlaoithe casa gruaige cíortha aici ina gcabhsaí dúshlánacha.

Inniu tá na bochta lena mbeatha ghnách á gclutharú féin
go heaglach i gcúlsráideacha a clóca
agus is mór an méala di a mbuairt agus a gcruachás
agus is minic í ag déanamh tochta nuair a tchí sí an tréan
ag tromaíocht ar an trua, an meannán ag múineadh méili dá mháthair.

Sprid chaomhnaithe na scrínte sráide, stáidbhean na bpálás
briste, bean feasa na gclós ársa.
Ar ball dhorchaigh spéir a súl agus bhuail daol caointe na himní í
ag faire cheannairc a clainne agus iad ag deargadh airm na réabhlóide
i gcoinne na ceannasaíochta a d'fheall orthu le fada.

Tá boige paidre ina briathra agus í le báiní
ag an bhruth bhréan bildeála
atá ag déanamh angaidh i gceithre cnámha a colainne
ach dá ainneoin sin cluinim í ag canadh amhráin dóchais dá daoine
i bhforógraí bagracha lucht léirsithe, i dteanga bhachlógach na n-óg.

Trathnóna, a cuid pagódaí ar crochadh léithe,
siogairlíní glémhaiseacha a cluaise;
tchím í ag siúl go ríogúil i measc a muintire, a mbeannú
lena teanga túise, cloigíní ag clingireacht ina gáire
agus í ag déanamh gleo le bantracht bheoshúileach an mhargaidh.

Le coim na hoíche téann sí timpeall ag spréadh
cheannbhrat glé an dorchadais
os cionn a daoine, lampaí sráide ina mbioráin airgid
ag lonrú ina clóca sróil, gealach ómra á hiompar aici
ina tóirse lasta, adharca tráchta a port aigeanta béil.

Chuicise, buime m'anama, a thógaim mo shúil
ar bhuille an mheán oíche agus mé
ag gabháil a luí, tráth a dtugann sí deoch shuain chugam
lán de spréach shúgach na spéire. Agus í ag imeacht fágann sí réaltóg
ag glinniúint i m'fhuinneog, chomh bog binn le póg.

KATHMANDU ABOUT HER BUSINESS

for Prem Timalsina

Daybreak, and abruptly she wakens me
with her cockcrowing kiss.
When I look out from my top-floor room
I glimpse her walking in the amber sari of morning;
the hot breath of her traffic stops me like a wall.

There's no rest for her, non-stop on her feet
putting the skids under all her people;
rousing them with her cawing voice, cajoling
and coaxing them to turn a sprightly face to the day
that beams at them from the shining orbs of her eyes.

Lunchtime, and from the balcony I see her
sprawled in a heap, sleeping,
the streets of her city stretched in supplication, exhausted,
the bazaar of her breast straining with buying and selling,
her hair twisted into alleyways of hardship.

Today the everyday destitute burrow for shelter
apprehensive in the backstreets of her cloak
and she is greatly pained by their suffering
and often she is shaken to see the strong trample
on pity, then the child teach grief to its mother.

Guardian spirit of the street shrines, lady of ruined palaces,
wise woman of the venerable courtyards.
And then her vision darkened and she collapsed weeping
to witness the strife of her children and weapons bloodied
in revolt against authority that had long betrayed them.

Prayer gentles her speech even as she raves
against the filthy frenzy of building
that spreads like an infection through her limbs
and yet and yet I hear her sing hope to her people
in proclamations in the streets, in the budding language of the young.

Evening, and her pagodas adorn her,
pendulous earrings to ornament her;
I see her stroll regally among her people, greeting them
with her tongue of incense, little bells tinkling in her laughing
as she whoops it up with the wide-eyed women of the market.

Nightfall, and she wanders about spreading
the lustrous canopy of darkness
over her people, streetlamps like silver needles
winking in her satin cloak, bearing an amber moon
for a lantern, humming the tune of her blaring traffic.

To her, my soul's milk-nurse, I lift my eyes
as on the stroke of midnight I take
my rest, and she brings my sleeping potion
sparkling with the streets' high jinks. A star, her parting
gift to me, shines in my window, sweet as a kiss.

AN tSEANBHEAN A THIT
I nGRÁ LEIS AN UISCE

Ní dhéanfadh a dhath maith di
ach imeacht léithe i mbéal a cinn
lena leannán rúin, an tUisce.

Theastaigh uaithi, a dúirt sí,
cónaí a dhéanamh i dtír fo thoinn
ar ghrinneall na locha.

Shiúil sí amach ina araicis
tráthnóna agus dúl faoi na gréine
ag cur grís ina gruaidh.

Mhuirnigh lámha fearúla
an tSrutha í go fíochmhar
agus í á tabhairt féin,

le díogras mná óige,
á géilleadh féin, á tomadh féin,
i gcuilithe a ghrá.

Chas an tUisce lách
scairf shíoda na cuiscrí
thart ar a muineál.

Mar philiúr suain
leag an Loch duilleog bháite
bhán faoina ceann.

Lena sheoithín seó
shuaimhnigh Sprid an duibheagáin
chun suain í go deo.

THE OLD WOMAN WHO FELL IN LOVE WITH WATER

Nothing at all would do her
but headlong elopement
with her secret lover, Water.

She wanted, she said,
to live in the *tír fo thoinn*
on the lakebed.

She walked out to her tryst
one evening with the sunset
lending a glow to her cheek.

The strong arms of Stream
caressed her fiercely
as she offered herself,

ardent as a young woman,
surrendering, immersing herself
in the eddies of his love.

Water gently wound
the silken scarf of reeds
around her neck.

Like a soothing pillow
Lake laid a water-logged
white leaf under her head.

With his swaying *seoithín seó*,
Guardian of the void lulled her
towards endless, endless rest.

CUIBHRINN

Tchím os cionn bhinn
na mara cuibhrinn
ag sleamhnú le fánaidh.

Ach ab é na caoirigh
atá ina suí orthu, á dtromú,
mar mheáchain ar pháipéir,

d'imeodh siad le fán
ina nduilleoga glasa
síos isteach sa duibheagán.

SMALL FIELDS

Above the gabling sea
I note the small fields
sliding down the hill.

But for the sheep
stationed on them, securing
them like paperweights,

they would disappear
like green leaves
down into the deep.

BEALTAINE

Anseo agus caoinsolas na Bealtaine
ag lasadh na maidine, tá
domhan drúchta os mo choinne
ag spréacharnaigh go lách.

Tá seilide ag sní fríd an fhéar
ag biorú a chuid aeróga go tapaidh,
ag fiosrú a bhealaigh. De réir
mar atá sé ag gabháil chun tosaigh,

rian glé fágtha ina dhiaidh aige, tá
sé ag mothú an tsaoil atá lena mhian
go fiafraitheach, fiosrach, foighneach,
ag déanamh a choda bhig féin go dian

de dhán seo na dea-mhaidine. A airdeallaí
bhig na n-adharc, a theagmhálaí an drúchta,
is grástúil raon mo shúl, mo shamhlaíochta,
a bheith i bpáirtíocht leatsa sa tsolas

an mhaidin ghlasuaithne seo sa tsioraíocht.

MAY

Here, as the gentle light of May
infuses the morning,
here's a whole world of dew
benevolently sparkling.

A snail flowing through the grass
orientates its quick antennae
to divine its way. All during
its onward procession,

trail gleaming in its wake,
it wills itself into the world
inquisitively, patiently,
appropriating to itself a verse

of this good morning poem. Little
horned watchman, little dewy go-between,
my eyes and mind gain grace
by sharing with you the green

tinge of infinity this breaking day.

NOLLAIG

do Paddy Glackin

Tá na fámairí imithe i gcéin,
an chuach agus an traonach
imithe ó dheas chuig an teas
ach tá tusa anseo go fóill,
a spideoigín, ag déanamh ceoil
ar thairseach lom na Nollag.

Tá mise agus tusa linn féin
ag canadh go teasaí amhráin
bheaga bhroinndhearga uchtaigh,
a choinníonn caor sa chroí
i ndúlaíocht seo an gheimhridh.

DECEMBER

for Paddy Glackin

The summer visitors are long gone;
the cuckoo and the corncrake
flown south to the heat.
But you're still here,
little robin, making music
on the bare threshold of Christmas.

Me and you on our own
singing lustily the little
red-breasted songs of hope
that keep fire in the heart
in these depths of winter.

CÓS

TEARMANN

Cnoc na Naomh
ina shanctóir corcra
fraoigh

Fuiseoga
ag canadh a dtrátha
os a chionn

Um meán lae
gach poll portaigh
ina chailís ghlé
solais

SANCTUARY

The holy slopes of Cnoc na Naomh
are ritually draped
in purple heather.

Larks ascend
in chanted matins
overhead.

At noon
every bog pool
is a chalice gilded
with light.

GEALACH

Is mó den ghealach
ná den ghrian
atá ionamsa

gealach fhiáin
na seilge
ag deargadh na hoíche
lena teanga fola

Siúd í
ag siúl na spéire
cuil nimhe
ina súile geimhridh

ag mearadh na mara
is ag tabhairt
brionglóidí buile
do Shuibhne Geilt

Sin an ghealach
atá ag éirí
i mo dhán

MOON

Lately there's
more moon
than sun in me

A wild Hunter's Moon
reddening the night
with her bloody tongue

There she goes
striding the sky
venom bristling
in her wintry eyes

Deranging the sea
and giving
frenzied visions
to Mad Sweeney

That's the moon
that rises now
in my poem

CÓS

SCÁILE

Sa tsáil agat
go beo
ceangailte
le do chinniúint
go deo

mise do scáile
an taobh éadrom
díot féin
an taobh sin
a shníonn

ó thobar na gréine
i d'aigne
mise do scáile
téadchleasaí na gealaí
púca aclaí na ngeáitsí

a shiúlann ar bhallaí
ingearach na hoíche
tá gile ionam
agus dorchadas
beo spréach na beatha

agus fuacht
artach an bháis
seo mé
i lár an lae ghil
sínte, spréite

ar shráid an mhargaidh
is tusa i do sheasamh
caol díreach
i scuaine na nglasraí
na slóite ag siúl tharam

is gan d'éirim ionam
éamh os ard
is trócaire a iarraidh
amanta eile
tá mé chomh lán

díom féin
go dtig méadú fathaigh
orm
is go scanraím thú
mo thoirt taibhseach

le do thaobh
do do chreathnú
mise do scáile
an taobh dorcha
díot féin

caithfidh tú
réiteach liomsa
sula n-aimseoidh tú
gile an aoibhnis
ionat féin

ar uair do bháis
is é ár ndán
cumascadh le cheile
agus a bheith iomlán
ansin ní bhogfaidh mé

amach asat níos mó
buanóidh mé istigh ionat
mar shíol
is tú ag fás
sa tsíoraíocht

SHADOW

At your heels
without fail
fixed
to your fate
forever

I'm your shadow,
the lighter side
of your self –
that part
which flows

from the wellspring
of sunshine in your mind
I'm your shadow
high-spirted trickster,
nimble pooka of gestures

I climb the sheer
walls of night
I hold brightness
within me and darkness
the dancing spark of life

And the Arctic chill
of death
A lunchtime sun
stretches me wildly
through the market

While you stand tall
at the veggie stall
The mob tramps on me
and I can't scream aloud
and plead for mercy

At other times
I'm so full of myself
I grow and grow
a grisly shape, spectral
giving you the spooks

I'm your shadow
The dark side
of yourself
You have to
come clean with me

before you thrive
before you find
a bright
wholesomeness
in yourself

On your deathbed
our fate
is to coalesce, to fuse
to be complete
afterwards

I won't budge
out of you anymore
I'll plant myself in you
like a seed
as you grow
eternally

cós

CÁRTA POIST CHUIG YUSUF SAN IARÁIC

Anocht i mboige an Mhárta i Manhattan
sheas mé ar leac dorais an tí
ina mbíodh cónaí ort i mBleeker Street
nuair a thug mé gean duit sna hochtóidí.

Mhoilligh mé ag doras úd an aoibhnis
ag cuimhniú ar oícheanta gealaí ár ngrá
nuair a bhíodh ar gcomhrá ar d'áit dhúchais –
mínte gréine na hIaráice idir Najaf agus Hillah.

Níl a fhios agam cá bhfuil tú anocht
agus dúshraith an tsaoil ar crith, a chroí,
ó Najaf go Hillah; do dhaoine ag creathnú
roimh an neart gan cheart seo atá á n-ionsaí.

Tá buamaí na barbarthachta ag titim oraibh,
ag déanamh carnáin de bhur gcathracha, conamar de bhur mbailte,
agus is mór m'eagla go bhfuil do bheatha i mbaol
idir Najaf agus Hillah agus iad ag treascairt do thailte.

Anocht agus mé ag moilliú ag doras an tí úd
ag smaointiú ort, chuimhníos gur dhúirt tú liom tráth:
"Tá tír dhúchais an fhile le fáil i gcroíthe
na ndaoine atá faoi dhaorsmacht." Anocht, a ghrá,

Caidé a thig liom a rá ach dearbhú duit
i dteangaidh bheag nach gcluintear sa challán
go bhfuil mé leat go hiomlán. Tá an buama ag breith bua
ar mo bhriathra is an diúracán ag déanamh magaidh de mo dhán,

Ach anocht tá mé leat, a fhir álainn na hIaráice,
óir is é do chroíse, amuigh ansiúd i mbéal an uafáis,
fód beo mo dhúchais, fearann pinn mo dhaonnachta.
Dá bhrí sin, a mhian mo chroí is a dhíograis,

Dearbhaím go bhfuil mé leat anois ó bhaithis
mo chinn i Najaf go bonn mo choise i Hillah.

POSTCARD TO YUSUF IN IRAQ

Tonight, on this mild May evening in Manhattan,
I stood in the doorway of that old house
where you roomed on Bleeker Street
back in the 80s when we were lovers.

That was a house of happiness. I lingered there
remembering those wondrous moonlit nights,
the sight of your face as you spoke of home,
the bright plains of Iraq between Najaf and Hillah.

Where you might be tonight I do not know.
The roots of your world shaking, dear heart,
from Najaf to Hillah, your people trembling
as might without right assails them.

Barbarian bombs are pouncing down
making rubble of your towns, crumbled stone
of your homes and I greatly fear for your life
between Najaf and Hillah as they level your land.

Tonight as I paused in that shadowy doorway
calling you to mind, I recall you saying:
"The poet's true country is always in the hearts
of those who are oppressed." Tonight, my love,

There is nothing I can do for you but affirm
in this tongue that goes unheard by the big guns
that I'm wholly with you. The bombs drown out
my words, and naked power mocks my poetry.

But tonight I'm with you, my beautiful Iraqi man
because your heart out there in the agony of war
is also my heart, my homeland and the horizon of my humanity
and that is why I say that I'm with you all the way.

I'm with you, dear heart, from the crown of my head
in Najaf down to the very soles of my feet in Hillah.

CÓS

CRANN NA TEANGA

i
Tchím an tír sin aríst. Fearann teann na haislinge.
Tir ghlas odhar na gcnoc ansiúd idir anfa an tsaoil
agus aghaidh na síoraíochta. Ríocht rúin m'óige.

Ansiúd bhí teangaidh feasa againn, teangaidh fáistine
a tháinig anuas chugainn go beo ó bhéal gintlí na ndúl.
Teangaidh rachtúil ó thús tintrí na cruinne.

Ansiúd tuigeadh dúinn urlabhra dúr an bhroic
agus teangaidh chabach na gcág. Labhair muid leis an lom.
Rinne muid ar gcomhrá go binnghlórach leis na cnoic.

Ariamh anall bhí crann ann. Crann spéiriúil na sí.
Ba é an crann a bheathaigh ár dteangaidh, a deireadh na saoithe,
a thug brí di, a chuir ag ceol i gcanúintí í.

Bhí siollaí ina nduilleoga silteacha ag fás air.
Bhláthaigh briathra síorghlasa ar a ghéaga spreagtha.
I dtólamh bhí sé trom le toradh méith na meafar.

Sheas ár mbile buaice, crann glas an tsanais
ar an bhlár i gceartlár ár mbeatha. Sheas sé go galánta
idir sliabh an tsolais agus mín réidh an tsuaimhnis.

Tchím an tír sin aríst. Ansiúd a saolaíodh mé
ar bhuaile gréine na bé idir an sliabh geal agus an crann glas.
Ba iadsan a bhorr an briathar i mbéal mo chléibhe.

Ansin tháinig an anachain orainn, an doineann.
Shearg ár gcrann. Dhorchaigh an sliabh. D'fheall ar ár dteangaidh.
Bhalbhaigh sí inár mbéal go tobann.

An teangaidh ghlan ghuthach a bheathaigh gach beo
i mbithchríoch ár mbeatha; a d'anamaigh gach dúil;
dhreoigh an smior ina cnámha craobhacha go deo.

Ní raibh mo dhaoine in ann a gcomhrá a dhéanamh
leis na feithidí ná leis na féileacáin; le hainmhithe ná le haingle.
Chúlaigh siadsan isteach i dtír an doichill, ár séanadh.

Fuaraíodh ár dteangaidh in oighear-ré tosta.
Bhí muid caillte, conáilte. Las muid tinidh i dteach ár sinsear,
beochán beag de bhriathra dearga

A bhí i dtaiscidh againn i gclúid na cuimhne.
Chruinnigh muid timpeall, ár dtéamh féin ar chipíní gramadaí,
ar bhrosna na bhfocal go béal maidine.

Tchím an tír sin aríst. Ár gcrann gan lúth;
an bás ina sheasamh istigh ann; a theangaidh dhuilliúrach
titithe i dtost, an bhrí ar shiúl as a ghuth.

Ó chaill muid ár dteangaidh tá muid ar fán
i bhfiántas sléibhe, gan aon ghlúin oiliúna na heagna againn
le muid a threorú, stiúir caillte againn ar ár ndán.

ii

Shuíodh m'athair ansiúd ar charraig bhán an leasa
ag meabhrú ar thodhchaí na treibhe. B'eisean bard na mbailte bánaithe,
ár saoi i scoil scairte an tsolais, béal na feasa.

Bhí seasamh na tíre air. Aigesean a thigeadh ár ndaoine,
an méid acu a bhí fágtha i ndiaidh a raibh tarlaithe, ag cuartú
lámh chuidithe. B'eisean fear fáistine na cinniúna, na doininne.

Lá agus é ina shuí ar a mharana ansiúd ar an charraig
tháinig bé an tsléibhe chuige agus d'iarr air an crann a chaoineadh.
Dhéanfadh deora glé a dháin muid a shaoradh ó mhairg,

A dúirt sí. Chaoin m'athair an crann i bhfriotal a bhí
ar nós shian chráite na gaoithe i dtithe tréigthe an tsléibhe.
Bhí tragóid ár dtreibhe san uaill chaointe a shil óna chroí.

Le achan siolla silteach a chan sé, bhíog niamh na glaise
i ngéaga balbha an chrainn. Chan sé an crann arís ina bheathaidh
le bua a dháin ionas gur bhorr stoc a bhí ar bheagán deise.

Is bhláthaigh teangaidh chraobhach i mbéal an chrainn,
teangaidh úrghlas ár ndóchais, is anois táthar ag tnúth leis an lá
a mbeidh craobhacha rábacha cainte ag fás sa tost atá eadrainn.

THE LANGUAGE TREE

(1)

I see that country again; a strange country on the edge of eternity, a country
forgotten between this world and the Otherworld. The lost domain of childhood.

We had an occult language there, a language that came down to us from the world
of the ancients. A language aglow with the lore of beginnings.

We were versed in the secret speech of things. We chanted the cantic of trees. We
conversed with the cosmos. We hobnobbed with hills.

That language opened for us windows of wonder onto the world. We understood the hieroglyphics of winter ice on bogpools, the enigma in the hoarse cry of the wind through March
hills; the comic pulse in stones.

I see that country again; a tree grew there. The plump tree of speech. That tree gave
life to our language, made it throb with the rustle of dialects.

Sweet syllables sprouted on its boughs, evergreen words blossomed fluently among
its leafiness .... A spray of sentences cascaded from its stalks.

Our Tree of Language grew on a hilltop in a place of vision, it stood there, an oracle of wind consorting with the soothsayer mountain, chanting the deep Om of origins.

I see that country again. I was born there. In the wilderness, between the tree and the mountain. They were the mentors of my soul. They awoke within me the wing-flutterings of words.

That was my tree of luminosity, my mountain of stability. They led me to the well —
spring of my Being. They gave me the key to the Fairy Kingdom

And then calamity befell us. Our tree withered. Our language failed us. The words
became dumb in our mouths. We lost touch with ourselves.

The tongue that animated everything in the cosmos of our lives, that elemental
voice that enabled us to name the domain of our Being, that tongue lost her vigour, her vitality.

The marrow dried up in the leafy bone of our tongue. My people lost the ability
to speak to stones, to hills, to bogs.

All of these beings retreated into their own silent world of sullenness. We were
left adrift. Wandering. Our countryside took on the lost look of a vagrant.

I see that country again. Our speech was frozen in an ice-age of silence. We were
bone cold. We lit a fire in our ancestral dwelling.... A kindling

of words that we stored and safeguarded in our memory. We huddled around that fire, warming ourselves beside the peat of words, the embers of grammar.

       I see that country again: our tree without movement, without speech. Death
within it, its leafy tongue gone silent.

(2)
My father, confidante of soil, clairvoyant of sky is now our Seer. A poet of green dreams in a world without sap.

       He presides over the tribe from an ancient white rock. The Rock of the Sages. He is the upholder of our lore, the dispenser of our wisdom.

       The other day as he sat on this rock in his daily trance a herald from the Beyond appeared to him, instructing him to coax our Tree of Language back to life.

       From the sky and the soil, from the heartbeats of his people, from all things touched by sorrow, my father made a chant, an elemental cry of renewal.

       As he intones, his fresh green song of hope courses through bole and branches. Now we await the day when the dumb tongue of leaves breaks into speech,

       When we again become a people with a language that rouses our hope and guides our fate.

CÓS

An tAm Marfach ina Mairimid

2010

AMHRÁN NA MAIDINE

Iarraim ar an mhaidin gealadh ar a bhfuil ag fás
ar a bhfuil ag feo, ar an tseilide a d'éalaigh lena bheo
ón nimh i measc na mbláth, ar an tseangán lena lód trom
ag tógáil an chnoic thar chlocha an chosáin, ar an chrann
ard duilliúrach ar shuíomh na bildeála atá ag sú isteach
an salú toite ón inneall tochailte is á chur amach úrghlan
in anáil ghlas a dhúthrachta, ar an éan a fhíonn snáithe óir
a chuid ceoil ó thor go tor, ar na rósanna, na girseacha croíúla
ina gcuid sciortaí dearga á gcumhrú féin ag tóin an tí,
ar nóinín na súile órbhuí a tchí an chos a dhéanfas é a chloí.

Iarraim ar an tsolas tuirlingt ar a bhfuil geal,
ar a bhfuil gruama, ar shnas buí bróige, ar bhealadh
gruaige, ar bholadh bréan na sráide, ar thorthaí ag dul i mboige,
ar aghaidh bhán ar chúl fuinneoige, ar lucht bruíne na cearnóige,
ar bhainne cíche na mná atá ag cothú linbh ar an fhaiche, ar chailiní oifige,
ar an ógfhear sa tsólann a d'inis domh gur mó de mhí na méala
ná de mhí na meala a bhí faighte aige ar leabaidh a phósta,
ar na turasóiri drochdhaiteacha i gclós thigh an ósta, ar na páistí ocracha
lena gcuid málaí gliú ag stad na traenach, ar an bhia
atá á scaipeadh agam ar linn na lachan, ar ár n-arán laethúil, ar Dhia.

Iarraim ar an ghrian triall ar mhian mo chroí,
iarraim uirthi luí ar a leabaidh, é a mhuirniú ina géaga solais,
a bhéal a phógadh lena beola samhraidh, a inse dó i dteas an cheana
gurb é mo leas agus cé gur cuireadh de mo dhóchas mé
go gcreidim ina ghrá, ina mhéin shéimh shuáilceach, ina leabaidh séin
agus dá bhrí sin go dtig liom, d'ainneoin na n-ainneoin, éirí as an
   duibheagán,
as ifreann mo léin is an mhaidin seo a bheannú le dán …

MORNING SONG

I beseech the morning to shed light on all growing things
on all things withering, on the snail who barely avoided
the poison lurking among the flowers, on the ant laden down
as it tackles the sloping stones of the path, on the lofty
luxuriant tree on the building site that all the while inhales
the dirty smoke of the digger and exhales it on its verdant
energetic breath, on the bird spinning and the gold filigree
of its singing in the bushes, on the roses, on the effervescent
red-skirted girls perfuming themseleves at the gable of the house,
on the saffron eye of the daisy watching the foot that will trample it.

I beseech the light to descend on all that is bright,
on all that is gloomy, on the shining shoes, on gelled
hair, on foul-smelling streets, on fruit about to decay,
on that pale face behind a window, on the chatter in the square,
on the breast milk of the woman nursing her child in the park,
  on office girls,
on the young man in the lounge bar who told me his honeymoon
had been robbed of all its sweetness by the marriage bed,
on the gaudy tourists in the hotel grounds, on the hungry children
with their glue-sniffing bags at the train station, on the crumbs
I scatter at the duck-pond, on our daily bread, on God.

I beseech the sun to journey to where my love lies,
I beseech it to lie on his bed, to caress him with limbs of light,
to kiss him with summery lips, to tell him in the heat of love
that he is what is best of me and that although I have despaired
yet I believe in his love, the kindness of his grace, the sweetness of his bed
and that by this I am enabled, in spite of all, to climb from the abyss,
from the underworld of my grief to bless this morning with a poem …

AN tAM MARFACH INA MAIRIMID

do Ghabriel Rosenstock

Inné is an spéir chomh soiléir
le súil lánléargais an Bhúda
chonaic mé colmán bán ag triall tharam.

A sciathán geal aingil
ag tuar dóchais, a deirim liom féin,
as an duibheagán seo ina mairim.

Ach ní raibh na focail as mo bhéal
nuair a chuala mé an t-urchar. Fágadh an féar
dearg le fuil an éin ghlé.

Inniu níl spléachadh dá dtugaim ar an spéir
nach léir domh mo cholmán bán, a choirpín
mín marbh ag titim ó ghorm go talamh.

Inniu agus ní ag maíomh atá mé
tá a bhfuil ionam de ghrá Dé
báite i bhfuil dhearg an éin sin.

Ní thig liom m'aghaidh a thabhairt níos mó
ar spéir atá ag cur fola
ar spéir atá ag cur fola.

THE DEATHLY TIMES
IN WHICH WE LIVE

for Gabriel Rosenstock

Yesterday and the sky as clear
as the all-seeing eye of Buddha
I saw a white dove pass me.

Its wings, angel-white,
presaged hope, I told myself
from out of the abyss
in which I have my being.

No sooner had I framed the words
than I heard the bullet. The grass turned
crimson with the shining bird's blood.

Today there is no glance I turn towards the sky
but that I see my white dove, its smooth, airy
corpse plummeting out of the blue to earth.

Today and I do not speak self-importantly
all that I have of the love of God
is drowned in that bird's red blood.

I cannot any longer turn my face
towards a sky that bleeds
towards a sky that bleeds.

NA PIONNAÍ GRUAIGE

(Ó do chocáin dhonna
    ó choillidh na gcnó, do dhuala raithní
        is an raithneach ag ruadhú).

Sa tseanbhabhla bhriste
caite sna driseoga ar chúl an tí
fód créafóige ina bhéal,

d'aimsigh mé sa tsalachar
na pionnaí gruaige a bhíodh ag mo mháthair
nuair a bhí mé beag.

San oíche an loinnir a bhíodh
ina ciabh chatach dhonn agus í ina bun,
á cíoradh agus á scuabadh

is ag cur na bpionnaí ann;
an ruithne a thigeadh ó bhoinn óir a dlaíóga
faoi sholas an *tilly*.

Eas copair a cuid gruaige
ag sileadh léithe, tuile dhrithlinneach
a cuid gruaige ag titim léithe.

A mhamaí, bhain do chuid gruaige
an buí de dhuilliúr an fhómhair, an bhoige
den tsíoda, an splanc den tsoilseach,

an sní de shruth na habhna.
Má ba é do chluasa mo dhá aingeal coimhdeachta
agus mé sa chliabhán, ba é

do dhuala fada grástúla
méara Dé ag cur cigilt' ionam sula dtéinn
chun suain gach oíche.

Má ba é do shúile glé
na toibreacha caoine as ar ól mé íoc an ghrá,
ba é d'fholt craobhach

an crann a dhreap mé
chun na spéire, mo chosa i measc na bpláinéad,
mo cheann i bhfochair Dé.

I seanbhabhla briste
gach craic ann chomh caol le ribe,
d'aimsigh mé sa tsalachar

pionnaí gruaige mo mháthar;
pionnaí a théann go croí ionam is a folt
faoi chlár sa chaoineadh seo.

HAIRCLIPS

(Oh your brown locks,
        hazel nuts, curled ferns
                russeting).

In the broken old bowl
dumped in the briars behind the house –
a sod of earth choking it –

I found in the mud
the hairclips my mother used
in my childhood.

By night the shine
in the winding brown locks she worked on
combing and brushing

as she put in the clips;
the radiance of her curls, coined gold
under the tilly-lamp.

The copper cascade of hair
tumbling from her, the glittering flood
of hair flowing from her.

Mother, your hair surpassed
the warmth of autumn leaves, the softness
of silk, the flash of lightning,

the flow of the river's current.
If your ears were my guardian angels
in my cradle,

your long flowing tresses
were God's fingers tickling me
every night towards sleep.

If your clear eyes
were the springs of love's healing,
it was through the foliage of your hair

I climbed a tree
to the sky, my feet among planets,
my head in the company of God.

In a broken old bowl
every crack like a thin filament of hair,
I found in the mud

my mother's hairclips;
clips that pierce my heart, her hair
coffined in this keening song.

LÍ NA GRÉINE

Lí na gréine i bhfionnadh na ngabhar tráthnóna …
tá a mhacasamhail de sholas i gcaoine a gcraicinn,
na buachaillí seo á dtomadh féin i linn na habhna.
Monuar ní thig cúl a choinneáil ar shní an ama.

Niamh ghrianbhuí, órbhuí, chaoinbhuí na hóige
ag éirí ina gríos óna gcneas. Niamh na ndéaga!
Níl a dhath chomh cumhúil le sciamh nach maireann.
Monuar ní thig cúl a choinneáil ar shní an ama.

Tchím ansiúd iad ag snámh agus ag splaiseáil,
ag iomarbhá go teasaí. Tá siad i mbláth na háilleachta
ach cheana féin táthar á gcnaí is á gcaitheamh. Ar nós an tsrutha,
monuar ní thig cúl a choinneáil ar shní an ama.

Cluinim cloigíní na ngabhar ag gabháil as éisteacht
i gclapsholas na gcnoc. Chomh dobhraite céanna,
chomh fáilí ciúin, tig snaoi ar shnua is ar ghnaoi na hóige.
Monuar ní thig cúl a choinneáil ar shní an ama.

A SUNLIT AURA

The shimmer of evening sunlight on the hides of goats …
the same light gleams on the smoothness of other skin,
the skin of these boys plunging into the river pool.
I grieve there is nothing that will stem time's flow.

The sun-gold, yellow-gold, gentle-gold aura of youth
glows on their burnished skin. O gilded teenagers!
There is no sadness like that of beauty's passing.
I grieve there is nothing that will stem time's flow.

I watch them, their swimming and their splashing,
their exuberant wrestling. At their beautiful prime,
already they start to waste and fade. As with the river,
I grieve there is nothing that will stem time's flow.

The goat-bells are tinkling their way out of hearing
in the mountain twilight. Silently, imperceptibly,
youth's grace and freshness also wear and age.
I grieve there is nothing that will stem time's flow.

AN SCEILG

do Paddy Bushe

Oíche den dá oíche a chaith mé ar an Sceilg i dtrátha na Féile Eoin i mbliana, tháinig manach chugam i mo chodladh, fear óg, caol, ard in aibíd donn scaoilte, cochall manaigh ar a cheann. Níor mhothaigh mé aon eagla ina láthair. Bhí sé gnaíúil ina dhreach agus grástúil ina chuid gluaiseachtaí. Shuigh sé ag colbha na leapa agus d'fhéach orm go geanúil.

"Mé Tuathal Mac Liag, file," a dúirt sé i gcanúint bhinn nár chuala mé a macasamhail riamh. "Anois, de réir mar a chluinim, níl trácht ar mo shaothar i laoi ná i litir. Dá bhíthin sin …"

D'fhéach sé orm go géar amhail is le rá go raibh sé de dhualgas orm teangaidh a thabhairt don tost seo a thit ar a shaothar. Sin a tuigeadh domh ar scor ar bith.

"Bhí mo spéis i bhfearaibh," a dúirt sé, a shúil chaoin 'mo ghrinniú, "ach bhí mo chroí istigh i gCaomhán, mo bhráthair ar tír mór." Ba léir go raibh a fhios aige gur duine dá shliocht féin mé.

Leis sin scread éan uaigneach éigin amuigh i ndeireadh na hoíche agus dhúisigh mé i dtobainne as mo chodladh. Bhí mo mhanach imithe is an lá ag breacadh, cáitheadh liath na maidine ar an mhuir mhór os coinne na fuinneoige. Ghoill sé orm nach raibh ár gcaidreamh níos dlúithe. Bhí cumhaidh orm i ndiaidh an té seo a tháinig chugam as an tsaol eile … as an tsamhlaíocht … níl a fhios agam!
Ó shin i leith tá na dánta seo ag faibhriú i m'aigne …

CEATHRÚINTÍ THUATHAIL MHIC LIAG

I

Mé Tuathal Mac Liag
    file fann na Sceilge;
rófhada mé anseo
    ag cothú ceilge

idir an ceann teann
    is an croí lag.
Briost liom an t-oileán
    is mo shaol lom

i ndíseartán gaoithe
    i bhfad ó mo ghaol:
Caomhán óg aoibhálainn,
    leannán slatchaol.

II

I gcathair chrábhaidh Chiaráin
    atá sé, cois na habhna;
áitreamh réidh na gréine,
    glé os cionn na Sionna.

Aoibhinn liom an cruinnteach
    i gclós úd na gceall;
ansiúd a phógfainn Caomhán …
    Á! dá mbeinnse thall.

Imíonn caitheamh is baol
    ar gach uile dhúil
ach go dtige lá m'éaga
      eisean mo mhian súl.

I ndíthreabh fuar siúlaim
    ar chonair nach cóir,
ní ag feacadh glún ach ag cumadh
    laoi cumainn ina onóir.

"Na bac an domhan, a mhanaigh,
    is gheobhair Ríocht Dé";
ach in éagmais mo ghaoil fola
    níl Neamh ar bith gan é.

III

Ní domhsa slí an tSoiscéil
    ná síorghuí an Rí;
b'aoibhneas domhsa i gcónaí
    drabhlás dí agus suirí.

Ní fhanaim ag canadh
    sailm na dtráth;
ná ag naomhadh an anama
    i gcomhair lá an bhrátha.

Na mianta a shatailt go dian
    roimh dhul i ndáil bháis
ní háil liom. B'uaisle i bhfad
    síothlú i bhfeis máis.

Sásaigh do mhian sa tsaol —
    gheibhid na huile bás —
is ón uair go bhfuil an úir tharat
    ní bhfaighid grásta ná spás.

IV

Oileán lom na dtonn,
    tearmann Talcheann;
beag is fiú de mhaith ann,
    cothú garbh gann.

Tréanas géar an léin,
    tionól dochma bréan;
beag an baol teaspúlacht,
    éalód as thar aigéan.

Ord ná riail ná cuing cléire
    ní choisceoidh mo rith.
Chugatsa, a chroí, de rúide treise …
    deise liom thú ná Dia ar bith.

TUATHAL AG CUIMHNEAMH AR CHAOMHÁN

Buí, buí do chneas,
    a chroí;
        buí deas an fhómhair
i dteas na gcnoc.

Tá lí na gréine, lí
    na seirce
        ag apú na heorna
i ngort d'uchta.

Tá an grán buí
    ag fás
        go tiubh agus go fras
i mám do mhása.

Is geal liom do bhuí
    san oíche
        buí cumhra an arbhair
ag teacht i gcraobh

i d'aoibh, buí teasaí
    an fhómhair
        ag cur lasair i do chéadfaí.
A bhuí duitse, a chroí,

is fear faobhair mé
    anocht;
        an buanaí a thig chugat
cruaidh agus tarnocht.

TUATHAL AG MEALLADH CHAOMHÁIN

Tá nathair bheo
   an cheo
      ag lúbarnaigh
chugainn ó riasc na gcorr.

Tá ull órbhuí
   na gealaí
      ag apú
go meallacach os ár gcionn.

Mór an tsuáilce
   duáilce
      a dhéanamh leatsa
i gclúid úr na gcraobh.

Íosfaidh muid an t-úll,
   ceansóidh muid
      an nathair.
Ní bheidh tú ina aithreachas

Anois ná go deo.
   Níl Dia ar bith
      anseo
le smál a chur ar ár n-aoibhneas.

PAIDIR THUATHAIL

Ár n-athair atá ar Neamh
    go ndearmadtar d'ainm is nár thige
    do ríocht. Ar a bhfaca tú riamh
ná tar inár láthair. Tá go leor againn
den ghlóir is den bhriathar, den dallamullóg dhiaga.
    Fan ansiúd i do chlúid
    áit a bhfuil an saol ar do thoil agat.
Ná buair thú féin linne.
Ní dhéanfá ach muid a chur faoi smúid.
    Tá ár sáith os ár gcoinne
    gan a bheith go síoraí faoi do thoilse.
Ár n-arán laethúil, soláthróidh muid é
inniu agus gach aon lá eile.
    Ní chreideann muid i d'fhéile.
    Ar son Dé ná tóg orainn ár n-easpa céille –
tá cathú orainn gur tharla sé –
ach muid féin a chruthaigh thú
    agus inár gcosúlacht féin, arú!
    Maith dúinn do chionta
mar a mhaithimid duitse ár gcionta féin.
Saor sinn ó do chráifeacht
    is saoróidh sinne thusa ó bhreall ár ndiagantachta.
    Móraigh an dia ionainne
is móróidh muidinne an duine ionatsa
tré shaol na saol, Áiméan.

BÁS-RANN

Géag ar ghéag ár gcual cnámh
á mheilt is á mhionú sa chré mhéith;
ár mbunadh romhainn a chreid go tréan
gan focal astu anois faoi ghlóir Mhic Dé.

SKELLIG

for Paddy Bushe

During one of the two nights I spent on Skellig around Saint John's Day this year, a monk came to me in my sleep, a young slender man in a brown, loosened habit, with a cowl on his head. I felt no fear in his presence. His expression was kindly and his movements graceful. He sat on the edge of the bed, and spoke affectionately to me.

"I am Tuathal Mac Liag, a poet," he said, in a pleasant dialect I had never before heard. "Now, as I understand it, my work is unknown to the written word. And so ... "

He looked keenly at me, as if to say that I had a duty to break the silence that had fallen on his work. In any case, that is what I understood.

"I was greatly drawn to men, but my heart was embedded in Caomhán, my brother across the sea."

Just then some bird screeched out in the end of the night, and I awoke abruptly from my sleep. My monk had disappeared, dawn was breaking, and grey morning drizzled on the wide sea outside my window. It upset me that our conversation had not been more substantive. I missed this person who had come to me from the otherworld ... from the imagination ... from wherever! Ever since, these poems have been taking shape in my mind ...

TUATHAL MAC LIAG'S QUATRAINS

    I

I am Tuathal Mac Liag
    the silent poet of Skellig;
too long I'm out here
    plotting mischief

between the hot head
    and the faint heart.
The island revolts me,
    this world apart

in a windwhipped retreat
    remote from affection:
Caomhán, young and smiling,
    my lover, willow-slender.

    II

He's in Ciarán's holy city,
    the riverside monastery
where the sun scatters plenitude,
    bright above the Shannon.

I love the rounded stone
    cells of that enclosure;
it's there I'd kiss Caomhán …
    oh! just to go there!

Decay and slow attrition
>   overtake every being
but until my dying hour
>   he is all I long to see.

Around a cold hermitage
>   I walk an uneven way,
not genuflecting, but creating
>   verses in his praise!

"Monk, abjure the world,
>   to attain to God's kingdom";
but without my closest love
>   there cannot be a heaven.

III

Not for me the way of Scripture
>   or endless, endless praying;
my enjoyment ever
>   was wine and lovemaking.

For psalms at appointed hours
>   I do not stop to pray;
neither do I sanctify
>   my soul for judgment day.

To trample down desire
>   before the face of death
is not for me. Better to expire
>   in a festival of flesh.

Satisfy your lust for life —
> death comes to everyone,
and when your hour for earthing comes
> all scope, all grace, are gone.

IV

This stark, this wave-bound island,
> Táilcheann's sanctuary;
little good it was to him
> poor, scarce sustenance.

The cutting strength of sorrow,
> a woeful congregation;
no flesh will ever sing here …
> I'll dare the ocean.

Order, rule or clerical yoke
> will not obstruct my run
to you, dear heart, with utmost speed …
> God is not. You're the one.

TUATHAL DAYDREAMS CAOMHÁN

Amber, amber your skin,
        dear heart;
               a harvest amber
in hillside heat.

The sun's tongue, the tongue
        of love
               ripens the barley
that furrows your breast.

The amber grain
        is growing
               rampant, abundant,
in the cleft of your cheeks.

Your amber brightens
        my night;
               the perfumed amber of barley
coming to fruit

in your smile, the glowing amber
        of harvest-time
               lighting your senses.
In your ambience, dear heart,

I am edged steel
        tonight;
               the reaper who comes to you
tempered, naked.

TUATHAL SEDUCES CAOMHÁN

The living serpent
        of the mist
                twists
towards us from the herons' bog.

The gilded apple
        of the moon
                ripens into
temptation over our heads.

It's pure joy
        to be impure
                with you
stretched under the branches.

We will eat the apple,
        we will confound
                the serpent
with no contrition, no fatherly forgiveness

now or forever.
        God is neither
                here nor there
to corrupt our joy.

TUATHAL'S PRAYER

Our Father, who art in Heaven,
      forgotten be thy name, and never
        may thy kingdom come. In the name of creation
come not amongst us. We have had enough
of the glorious word, the deistic deceit.
      Rest in thine own comfort
      and live according to thine own will.
Trouble not thyself with us;
Thou wouldst merely leave us under a cloud.
      We have tribulations enough
      without thine eternal jurisdiction.
Our daily bread, we will provide
today, and the rest of our days.
      We do not trust in thy beneficence.
      For God's sake, begrudge us not our foolishness –
we do repent of it –
but we ourselves created thee
      and, believe it or not, in our own likeness!
      Forgive us thy trespasses
as we forgive thee our trespasses.
Deliver us from thy piety
      and we will deliver thee from our theological delusions.
      Exalt the divine in us
and we will exalt the human in thee
forever and ever. Amen.

DEATH VERSE

Limb upon limb our mound of bones
is milled and ground beneath the sod;
our forefathers, once loud in their belief,
are silent now on the glory of God.

LONG

do Theo Dorgan

Tháinig long ó Valparaiso i dtír i mo chuimhne.
Thaibhsigh sí chugam, soitheach seoil ón tséú leabhar ar scoil.
Seanmhairnéalach scéalach ar an stiúir, sneachta na nAndes ag síobadh ina shúile.
Bhí lasta d'iontais na nIncas ar bord, earraí óir agus taisce seod.
  I gcás gloine chuala mé cuach uaithne ag déanamh ceoil.
  Iomann glas, teochreasach.
Nuair a chan an seanmhairnéalach rabhcán mara d'éirigh mórtas gaoithe ina ghlór a chuir an tóir ar na féileacáin órbhui a bhí beo ina fheasóg.
Bhí criú d'ógfheara donnchneasacha ó Putamayo á dtaispeáint féin ar an deic, leannáin rúin Mhic Easmainn. B'aoibhínn liom an ghrian a bhí ina gcneas a lí.
Bhí an mhaidin ina craiceann agus í ag siúl na cé, ag déanamh brothaill; an seanmhairnéalach ag baint dúil a shúl aisti.
I dteasmheadar a ghabhail d'ardaigh airgead beo na teochta.
Chonaic mé é ag croitheadh chiarsúr bán na bhfaoileán agus é ag fágáil slán ag an duibheagán.
As seo amach beidh loingeas a laethanta feistithe i mbá na haoise.
Chaith sé a shaol ar an mhórmhuir, laethanta tonntógtha thart ar Rinn na hAdhairce agus oícheanta spreagtha faoin Chaor Aduaidh.
Beidh na Saighneáin ag sior-rince ina bhrionglóidí.
Ar thalamh tirim anocht, an réalt thuaidh ar ancaire go deo ina dhoimhneacht.

SHIP

for Theo Dorgan

A vessel from Valparaiso made landfall in my memory.
It loomed towards me, a tall ship from my sixth-class reader.
A garrulous old mariner at the helm, the snow of the Andes drifting in his eyes.
She carried a cargo of Inca marvels, golden vessels and jewel-hoards. In a glass case an emerald cuckoo sang. A hymn to greeness, tropical.
When the old mariner sang snatches of shanties, his voice boastfully blew away the gilded butterflies that had settled in his beard.
A crew of dark-skinned youths from Putamayo were to be seen on deck, Casement's secret lovers. I yearned to lick the sunlight from their skin.
The morning walked the quay in her bare skin, taking the sun; the old mariner didn't take his eyes from her.
In the thermometer of his crotch the quicksilver rose.
I saw him waving the white handerchief of seagulls as he bade farewell to the abyss.
Henceforth the armada of his days will be assembled in the bay of old age.
He spent his life on the ocean, wave-stirred days around Cape Horn and sparkling nights under the Northern Lights.
Those Northern Lights will be forever dancing in his dreams.
Tonight there is dry land, the North Star at enduring anchor in its own depths.

AN STRAINSÉIR DUBH

Tá strainséir dubh
ag trasnú na féithe;
a scáile chomh dubh
le cleite an fhéich.

Tá strainséir dubh
ag triall na gcuislí;
a anáil chomh tréan
le gaoth sna faoilligh.

Tá strainséir dubh
ag siúl ar mo bhriathra;
a choiscéim chomh trom
le creafóg ar chónra.

Tá strainséir dubh
ina shuí ar mo chroí;
chomh borb leis an bhás
nach dtig a chur as slí.

DARK STRANGER

A dark stranger
navigates my veins;
his shadow as black
as the raven's wings.

A dark stranger
accompanies my pulse;
his breath as skinning
as a February gust.

A dark stranger
treads on my words;
his footstep as heavy
as gravediggers' clods.

A dark stranger
is perched on my heart;
he is curt as death
and will not depart.

LABHRANN ÓIVID

do Frankie Watson

Drochbhreith ar an áit dhamanta seo inar díbríodh mé,
an baile beag fuaramánta seo i mbéal na Mara Duibhe
a chonálfadh na corra ionat an lá is teo amuigh.

I bhfad ó shaol na bhfuíoll agus ó bheatha bhog na Róimhe
tá mé beo gan dóigh i measc na ndaoine danartha seo
nach bhfuil a ndáimh le léann ná le béasa deasa an bhoird.

Nach mairg nach bhfuil teacht agam anois ar an tsú spreagtha úd,
íoc súmhar na finiúna lena mbínn ag biathú na mbriathra sa bhaile?
An tráth seo bliana leac oighir i gcrúiscín atá i bpóit an tí seo.

Nach mairg nach bhfeicim gleannta gréine na gcaor, m'fhearann
aoibhinn i gcéin, goirt na n-ológ agus cnoic na gcraobh?
Ar an tsuíomh úd b'fhurasta domh bia a bhaint as caint na tíre.

Níl tráth ná uair den lá nach gcuimhním ar chathair gheal na Róimhe.
Ar an láthair úd chan mé bás agus beatha. Ansiúd chuir mé an
    tsuaithníocht
i bhfriotal na humhlaíochta, an dánaíocht i bhfuaim na grástúlachta.

Anseo tá teangaidh anaithnid a théann de mo dhícheall a tuigbheáil.
Amanta uaill na bhfaoladh a chluinim i rith na bhfocal agus amanta eile
uaill an tseaca ag scoilteadh san uisce a bhíonn i gcnead a gcainte.

Augustus a d'fheall orm, a dhamnaigh m'ainm, a dhaor mé,
ach dá dhéine a bhreithiúnas, dá ghéire a phionós, geallaim dó
nach sáróidh sé daonlathas mo dháin lena bheo.

Is ní éireoidh le haon rí dá réimeas, dá chumhachtaí é,
mo dhán a thabhairt faoina thiarnas anois ná go deo.
Ó aois go haois, brúchtfaidh siad aníos. Tá an domhan brách

Le rá acu leis na glúnta dúshlánacha a thiocfas i dtráth;
na saoir úd ar chuma sa tsioc leo faoi Chaesar is a shliocht.
Seo ár ré, aois Óivid agus Virgil agus Horáit, dá n-admhódh sé.

Ach tá Augustus rótheann as a thábhacht le go bhfeicfeadh sé
gur faoi scáth na bhfilí a mhaireann sé is gur amhlaidh a bheas go brách,
gur muidinne a chumann an reachtaíocht is buaine, dlí síoraí

An tsaorbhriathair, an focal cóir nach ndlíonn d'aon deachtóir,
aitheanta glé na héigse atá i gcónaí faoi dhlínse na Bé.
Maith dom an t-uabhar mór is an bród a théann thar fóir,

Ach ó tugadh uaim a raibh agam de ghradam, d'ainm is d'urraim,
fear gan fód mé fágtha i dtuilleamaí na deirce. Ó cuireadh an fán
fada orm níl de bhaile agam anois ach baile seo an Bhriathair.

Níl a athrach le déanamh agam ach a theacht i dtír i ndán.

OVID SPEAKS

for Frankie Watson

Devil take this hellhole to where I am exiled,
this dreary little nowhere back of the Black Sea
where herons would freeze on the warmest day.

Far from the high life, the *dolce vita* of Rome,
I'm only half living among these barbarians
who value neither learning nor the decencies of dining.

It's the pits that I am denied that liquid invigoration,
the nectar of the vine on which at home I nurtured words.
In this rump of the year, ice in a jug is the household tipple.

And it's the pits I cannot see sunny vineyard valleys, my lovely
home territory far away, olive groves and tree-clad slopes.
Were I there, I would live on what the place has to say.

Again and again, day after every day, I think of that bright city.
There I sang life, and sang death. There I slipped the heretical
into the language of humility, the daring into the courteous tone.

Here they speak a language that is beyond my understanding.
Sometimes it is the howl of wolves I hear in the rush of words,
  sometimes
it is the moan of ice splitting that is ground through their speech.

Augustus it was who betrayed, calumniated me, condemned me,
but however cruel his sentence, harsh his punishment, I vow to him
that he will not while he lives disenfranchise the voice of my verse.

And no sovereign of his dynasty, no matter how grand his power,
will succeed in bringing my poems under his yoke, not now, not ever.
Generation after generation, they will erupt. They have infinitudes

to relate to the daring generations who will come into their own;
those artists who do not give a fig for Caesar and his spawn.
This is our time, Ovid's time, Virgil's time, and Horace's time.

Augustus is so obsessed with his own importance that he cannot see
that he lives in the shadow of poets, that it will be always like that,
that it is we who create jurisprudence that abides, the eternal law

of the unchained word, the just word that is beholden to no dictator,
the bright commandments of an art that answers always to the Muse.
Forgive me my braggadocio, the pride that goes beyond prudence,

but since I have been stripped of renown, of reputation and of respect,
I am a man of no standing, a begging dependent. Since I was banished
into bitter and distant exile, it is only in *Verbum* I can make my home.

I have no choice but to navigate a landfall clinging to my verse.

Aimsir Ársa

2013

LABHRAIM LE LÍ BAI

do Stephen Rea

Tá mé san aois sin anois,
ré na seanaoise,
go dtig liom mo chomhrá
a dhéanamh leatsa, a mhian,
thar dhuibheagán na gcianta.

Mé i mo shuí ag ól fíona
amuigh faoin spéir
oíche shoiléir i dtús an fhómhair –
do leabhar os mo chomhair –
Tá fios i bhfíon, a deir tú,

agus mé ag baint sú as úll
órbhuí na gealaí
atá ag teacht i gcraobh
ansiúd ar bharr an Eargail.
Cruthaíonn fíon a fhilíocht féin,

mar is eol duitse, a chroí,
a d'imigh le hól is le ceol.
Drabhlás diaga na hÉigse!
Ar an tslí sin scaoil tú saor d'aigne
ó ghlais is ó gheimhle an tsaoil.

Sílim a mhór duit,
a fhir lán de mheidhir,
a fhánaí na ndán, a fháidh an dúshláin,
a bhris gach gnás is nár fhan dílis
ach amháin do chúram an dáin.

Ba mhaith liom a mhaíomh
go bhfuil cuisle ghaoil againn
le chéile agus muid beirt ag ceiliúradh
an tsaoil seo nach bhfuil seasamh ann.
Saol na trioblóide! Saol na brionglóide!

Bhí tú beo i dtréimhse dhoiligh,
dreamanna ag troid fá chríocha,
cogadh agus creach ar fud na Ríochta.
Chuir tusa do dhóchas i ndánta,
mo dhálta féin, le tú a thabhairt slán.

Is chuaigh tú le fán an tsaoil,
ag triall le scamaill shiúlacha
thar shléibhte is thar aibhneacha,
ag ligean liúnna áthais leis na géanna fiáine
is ag comhrá go gáifeach leis an ghealach.

Anocht is mé bogtha le fíon
cluinim Abhainn Bhuí na filíochta
ag sní idir dhá bhruach an leathanaigh.
Siúd tú faoi sholas na gealaí.
Le mo dhán, beannaím duit

thar an duibheagán.

SPEAKING TO LI BAI

for Stephen Rea

I'm of that age now,
those declining years,
that I can converse
with you, precious one,
across the abyss of the centuries.

I'm sipping wine, sitting
out under the stars
on a crisp, early autumn night –
your book spread before me.
In vino veritas, you observe,

as I take joy in the juice of the golden
yellow apple of the moon
that is filling towards ripeness
over there on the summit of Errigal.
Wine ferments its own verse,

as you yourself know, dear heart,
who gave yourself to drinking and music.
The divine dissipation of Art!
And so you freed your mind
from the world's fetters and fastenings.

I think the world of you,
you most convivial of *viveurs*,
vagrant versifier, oracle of opposition,
who burst through custom, whose only loyalty
was to the business of poetry.

I want to assert
our pulse in common
when both of us celebrate
this world that does not abide.
Here's a world of trouble! A world of dreams!

You lived in interesting times,
ethnic wars, border wars,
conflict and destruction throughout the Kingdom.
You placed your trust in poetry,
as I did, for your salvation.

And you wandered through your world
travelling with restless clouds
over mountains and rivers,
sending joyful screeches to the wild geese
and having lunatic conversations with the moon.

Tonight, airy with wine,
I hear the Yellow River of poetry
flowing between the banks of the page.
There you go in the moonlight.
With my poem, I send you salutations

across the abyss.

LÍ BAI I MÍN A' LEÁ

Le mí tá sé ina thriomlach
ach inniu, ádhúil go leor,
rinne sé trí ráig bháistí,
rud a d'fhág an deoir
i ndeas don tsúil agam le gairdeas
nuair a fuair mo chuid glasraí
trí dheoch spreagúla d'Aibreán.
Tá siad anois ar thalamh slán.

Níl a dhath níos deise
ná cith fáis an earraigh
le deochadh póg
a thabhairt do na rútaí
is le haoibh na glaise
a chur i bhfás bog óg,
i ngas agus i gcraobh,
i nduilleog agus i mbachlóg.

Agus a ndálta siúd, bhíog
mo chroí féin a bhí tur
agus tirim ó scar muid,
ó d'imigh tú uaim i gcéin,
bhíog agus bhog a raibh
istigh ionam le lúcháir
nuair a fuair mé do litir
ar ball beag, a chuid.

Tá fearthainn bhog na bhfocal
ag titim ionam go haoibhiúil
agus mé ag léamh do scríbhinn
ionas go bhfuil mé, a stór,
lán amach thar an tsúil
le suáilcí do ghlóir
amhail tobán seo an uisce
ag binn an tí, a bhí folamh le mí

is atá anois líon lán
agus ag sileadh,
tá mise ag cur thar maoil
le d'fhocail cheana.
Ní hiontas ar bith go bhfuil
mé féin agus na glasraí
ag déanamh gairdis. Tá muid araon
ar maos i ngean is i ngnaoi.

LI BAI IN MÍN A' LEÁ

For a month now it's been dry
but today, auspiciously enough,
there were three bursts of rain,
which almost brought tears
of celebration to my eyes
when my vegetables were tendered
three stimulating libations of April.
Now they're on safe ground.

There is nothing sweeter
than a growthy shower in Spring
to give a saturation
of kisses to the roots
and to bring a greeny beaming
to young, soft growth,
to stem and to branch,
to leaf and to bud.

And, just like them, my own
heart stirred, that has been dull
and dry since we parted,
since you went abroad from me,
everything within me stirred
and softened with joy
when I got your letter
just now, my love.

The soft shower of words
is falling smilingly within me
as I read what you wrote,
so that my eyes, dearest,
are overflowing
thinking of the goodness in your voice
just like this water barrel
at the gable, that had been empty for a month

and that is now full to the top
and flowing out,
I am brimming over
with your words of love.
It's no wonder that
the vegetables and myself
are concelebrating. They and I alike
are soaked in affection, in happiness.

ÓIVID AG CÁINEADH NA MNÁ A D'FHEALL AIR

Odaiséas, chomhairligh sé
dá chriú go léir
a gcluas a líonadh le céir
agus iad ag iomramh
thar Oileán na Síréanaí
ionas nach gcloisfeadh siad
síreacht chaoin a gcreachta
ó bhéal na mban draíochta.

De bharr fholáireamh
fadcheannach a dtaoisigh
d'éirigh leo an sáile
cealgach a shireadh
is teacht slán
ón oileán
ón bhris is ón bhascadh.
Sin a chantar sa dán.

Mo chreach nár éist mé
le rabhadh Odaiséas
is mé ag snámh ar thanaí
le cluanaí mná
nach raibh ina ceann
ach fonn oilc agus díobhála
agus í ag déanamh ceilge
i mo chluas lena caoineadas,

fad is a bhí sí ag beartú
ina cuid uiscí, mo bhris
is mo chur ó chrích;
ach ar nós na Síréanaí
a ndearnadh stacán díofa
is a thit le haill san aigéan,
dáilfear uirthise fosta
droch-chríoch agus léan.

Tá a meáchan féin d'olc
a iompar aici le fada.
Mar chloch, titfidh sí
i bpoll a caillte, slogfar í
sa tsruth guairneáin
a chothaigh sí go diabhlaí.
San uisce faoi thalamh
ar a mbeathaíonn sí, báfar í.

OVID EXCORIATES THE WOMAN
WHO DECEIVED HIM

Odysseus now, he counseled
all the men of his crew
to stop their ears with wax
while they were rowing
past the island of the Sirens
that they might not hear
the sweet come hither of their undoing
in the voices of the weird women.

Thanks to this canny
admonition from their leader
they managed to navigate
those treacherous straits
and to escape
the island
its buffetings, its shipwrecks.
So much the poem recounts.

Alas that I paid no heed
to the warnings of Odysseus
as I sailed shallow waters
with a deceiving woman
whose whole intent
was harm and ill will
while she beguiled
my ears with kindnesses,

and as she was plotting,
in her deepest self, my downfall
and my exile.
But as with the Sirens
who were turned to stone pillars
and fell from cliff-top to sea,
she also will endure
the doling out of woe.

She has for a long time borne
the weight of her own malice.
Like stone, she will drop
down her abyss of loss, will be swallowed
in the whirlpools
she has malevolently stirred.
In the subterranean cauldrons
that nurture her, she will drown.

AMHRÁN GRÁ IS AN tÁR INÁR dTIMPEALL

Agus muid ag suirí,
   ag móradh na beatha ar phíb ár ngrá
   mar ba ghnách le filí na hAraibise a rá,
   bhí cogadh á fhearadh, pláigh á scaipeadh
   agus gorta ag déanamh creiche.
   Ár macasamhail féin, buachaillí bána an cheana,
   á marú i mbéal an chatha, tuilleadh dár gcineál
   á gcéasadh i bpríosún na brúidiúlachta.

Agus muid ag suirí,
   éigníodh mná, tugadh ainíde do leanaí,
   cuireadh lucht léinn i gcampaí géibhinn,
   fógraíodh foréigean in ainm Dé,
   creachadh coillte, truaillíodh aibhneacha
   agus áit éigin i nduibheagán na cruinne
   phléasc réaltóg agus muidinne
   ag teannadh le chéile i mbarróg na bpóg.

Ach choinnigh muid ag suirí,
   ag móradh na beatha ar phíb ár ngrá
   mar ba ghnách le filí na hAraibise a rá.

LOVE SONG AMID THE SLAUGHTER

As we made love,
>playing life's hymn on our love pipes,
>to use the image Arabic poetry liked,
>war was being waged, plague was being spread
>and famine was on the rampage.
>Some of our kind, who love beyond the pale,
>were offered to battle gods, and more
>were tortured in chambers of brutality.

As we made love,
>women were raped, children were abused*
>scholars packed into detention camps,
>oppression proclaimed in the name of God,
>forests were ravaged, rivers poisoned
>and somewhere in a black hole in space
>a star exploded just as we tightened
>ourselves each into the other's embrace.

But we continued to make love,
>playing life's hymn on our love pipes
>to use the image favoured in Arabic poetry.

CEANNLÍNTE

Ceannlínte an áir. Ceannlínte an uafáis.
Ár mbodhrú, ár mbuaireamh.
Fanadh fíricí an tsaoil
i bhfad uainn, a ghaoil, fanadh siad ciúin
agus do theangaidh ag gabháil ionam
le barr pléisiúir.
Tapaigh an deis, a dhíograis. Sléachtaim romhat,
slat sailí sa ghaoth.

Amach anseo is ní fada uainn é
ní bheidh ionainn ach ainmneacha ar leac reilige,
uimhreacha i gcomhad oifige.
Amach anseo, a ghile, ní bheidh ceachtar againn beo
le cuimhneamh ar an duine eile,
is leanfaidh an t-ár ar aghaidh,
an slad agus an marfach.
Mar a bhí ó thús, beidh go deo.

Is ár ndálta féin, beidh leannáin eile
ag tabhairt teangaidh dá ngrá
i mbéal a cheile
agus ceannlínte an áir, ceannlínte an uafáis
á mbodhrú, á mbuaireamh,
is iad ag tapú an deis le díograis, ag sléachtadh
dá cheile, slatacha sailí sa ghaoth
sula nach mbeidh iontu

ach ainmneacha ar leac reilige,
uimhreacha i gcomhad oifige.

HEADLINES

Headlined slaughter. Headlined horrors.
Deafening, demoralising.
May the hard news of the world
stay distant, my love, may it stay silent
as your tongue plumbs
our depths of pleasure.
Carpe diem, dearest. I bow towards you,
a sally wand bending with the wind.

One day, a day not too distant,
we will be no more than headstoned names,
numbers in an office file.
One day, my bright one, neither of us
will be alive to remember the other,
and the slaughter will go on,
the killing, the carnage.
As it was ever, so ever will it be.

And just like us, there will be other lovers
giving utterance to their love
in one another's mouths
and headlined slaughter, headlined horrors
will deafen them, demoralise them,
as they determine to seize the day, bowing
one to the other, sally wands in the wind
before they are no more

than headstoned names,
numbers in an office file.

OSNA

D'fhág sé osna ina dhiaidh
chomh domhain le duibheagán.

Anois tá an fharraige
ag teacht i dtír inár gcéadfaí,

ár dteangaidh trom le salann,
ár mbriathra ar maos sa tsáile.

Anocht tá ár mbeatha ar fán
ar an domhain mhór.

SIGH

He left a sigh in his wake
a sigh deep as an abyss.

Now the wide ocean
laps on the shore of our senses,

our tongues are swollen with salt,
our words saturated in brine.

Tonight all our lives are adrift
on the world's great deeps.

NA CAILLEACHA FEASACHA

do Aoife McGarrigle

Is beag an baol go dtiocfadh néal orm
na hoícheanta geimhridh udaí agus seanmhná
an bhaile ag airneál i dtigh s'againne.

Iad ag cur tharstu cois tine, ag clabaireacht
is ag cúlchaint is ag cur thart an tsnaoisín
ó dhuine go duine sula dtosódh an taibhseoireacht.

Mhothóinnse an saol eile ar tinneall inár dtimpeall
agus cailleacha na clúide á tharraingt chucu go líofa.
Sa chisteanach ní allas taisligh a bhreacaigh na ballaí,

arrachtaigh a bhí ann á dtaibhsiú féin as béal an aeir.
Ag sealaíocht ar a chéile, d'aithris na mná a dtaithí
ar dheamhain agus ar spioraid, ar thaibhsí agus ar dhiabhail,

ar na mairbh a bhí ag siúl thart ina mbeatha i Mín a' Leá,
ar na cróchnaidí liatha a tchífeá idir an dá sholas in Altán,
ar na hainspioraid a thriall bealaí uaigneacha na hoíche i
    Mín na Craoibhe,

ar na deamhain aeir a bhí ag béicigh i mBeanna na Míne,
ar dhaoine beaga na Bealtaine a chuirfeadh thú ó mhaith,
ar na hanamacha fáin, tinte gealáin an tSeascainn Mhóir.

Cé acu i mbarr an tsléibhe nó amuigh ar an réiteach
bhí bunadh an uaignis i réim go tréan is a ngleo le clos
i bhfios do chách, a déarfadh na mná. Bhí an t-aer is an talamh
    beo leo.

Síofróga agus samhailteacha! Neacha éagsamhalta!
B'eol do na cailleacha go raibh gach ball den tsaol seo
faoi gheasracha dúrúnda ag an bheatha úd thall.

Bheadh daor orainn a chomhairligh siad go heolasach
mura ndeánfadh muid comharsanacht mhaith
le treabhchas an dorchadais a bhuanaigh inár measc.

Is cé gur mhór mo dhúil ina gcuid scéalta scanrúla,
a gcuid taibhsí toirmisc is a dtithe siúil, thigeadh uamhan
an uaignis orm is na seanmhná á ndúiseacht is á dtabhairt chun solais.

Is d'fhágfaí mé, mar ba ghnách leo féin a rá agus iad i ndáil an bhrátha,
"Chomh lag le malartán linbh agus chomh lom le huisce marbh,"
ag creathnú roimh neacha nár léir domh is roimh nithe a mhair i
    mbéal an aeir.

Agus b'iontach liom i dtólamh an dóigh a raibh siadsan in ann
lena gcuid orthaí cosanta is a gcleachtaí crábhaidh
an dá shaol bhagartha seo a thabhairt leo go beo.

Is d'imeodh siad fá dheireadh, seálta dubha casta
ar a gcloigne, a gcuid lampaí doininne ag déanamh
fhios an bhealaigh daofa idir dhá dhorcha na hoíche.

Tchím iad anocht i m'aigne, an saol sin ag imeacht leo síos
an bóthar buan, fios feasa na beatha ina mbéala balbha;
cos amháin acu sa tsaol seo, cos eile sa tsíoraíocht.

THE OLD WOMEN WHO KNEW

for Aoife McGarrigle

There was no chance that I'd fall asleep
those winter nights when the old women
of the townland came rambling to our house.

They'd spread themselves around the fire, nattering
and gossiping and sending around the snuff
turn and turn about until the conjuring began.

I'd feel the other world straining all around us
and the old fireside women drawing it fluently out.
It wasn't condensation that dappled the kitchen walls,

it was spectres disgorging themselves out of the air.
One after the other the women told of their familiarity
with demons and spirits, with ghosts and with devils,

with the dead who walked alive in Mín a' Leá,
with the grey ghostly funerals you'd see in the half-light at Altán,
with the ghouls who travelled the lonely night-time ways in
    Mín na Craoibhe,

with the airy demons who were screeching in Beanna na Míne,
with the little people of Bealtaine who would lure you astray,
with the lost souls, the boggy phosphorescence of Seascann Mór.

Whether it was on the top of a mountain or out on the level ground
the tribe of loneliness was flourishing and their voices were to be heard
clearly by everybody, the old women would say. Earth and air were
    alive with them.

Fairy-women and phantoms! Unfathomable beings!
The old women knew that every single corner of this world
was spellbound in mystery by the life on the other side.

We would pay dearly, they counseled sagely,
if we were not bound by a neighbourly understanding
with the people of darkness who were settled among us.

And although I took great delight in their scary stories,
their poltergeists and their haunted houses, the terror
of loneliness came upon me as the old women drew them down
  towards the light.

And I'd be left, as they'd say themselves in the face of the final terror
"As weak as a changeling, as lifeless as standing water,"
trembling before imperceptible beings and things that lived in the
  jaws of the air.

And I marveled always at how they were able
with their placatory charms and their pious practices
to escape with their lives from these two threatening worlds.

And they'd leave in the end, their black shawls wrapped
tight around their heads, their storm-lanterns illuminating
the way before them in the deepest dark of the night.

I see them tonight with my mind's eye, that world disappearing
  with them
down the path of permanence, the inside-outs of life now forever
  unspoken;
one foot in this world, the other foot in the everlasting.

AN FEAR ÓG A TUGADH AS

Tá mé faoi ghlas an ghéibhinn
i gcríoch éigin nach den inchinn

Ó dheasaigh siad a ngeasa
orm is a ndraíocht
agus mé sa chliabhán
tá mé ar seachrán acu
sa tír rédhorcha seo
a luíonn ar chlé, áit inteacht
idir am marbh na hoíche
agus amhscarnach an lae.

Agus dá dhroim air sin
tá greim acu orm le mo bheo
ionas nach bhfuil a fhios agam
an soir siar atá mo threo
is nuair a bhím ag teacht, an amhlaidh
gur ag imeacht atá mé.
I gcéin uaim féin i gcónaí
sa lios léin seo inar daoradh mé.

Seo mé ag gabháil in aois
roimh m'am, ag cailleadh maise
na háilleachta is na hóige
is nuair a thig an leannán sí
ag sú an tsíl asam, tig laige
spride orm agus lagbhrí
is sciobann sé greim mo bhéil uaim
is níl sé ionam é a chloí.

Inniu tá mé faoi stiúir
dochtúir comhairleach as an Iúr.
Nuair a insím dó go caointeach
nach bhfuil éileamh agam ar mo chuid
is go bhfuil col agam le gach bia
deir sé go húdarásach
nár ordaigh Dia béal gan bhia
is go bhfuil mé buailte faoi le Anorexia.

"*Affirming the self is the best cure!*"
Sin é mo leas, dar leis, an tslí
arís chugam féin. An t-aer úr
a ghlacadh agus bia a chaitheamh!
Ní thuigeann sé faic, an créatúr!
Lia na heagna! Grian ár bhfeasa!
Ach níl aon chiall aige don leannán sí,
don tabhairt as, do gheasa an leasa.

THE YOUNG MAN TAKEN AWAY

Since they tightened their taboos
and their magic around me
while I was in the cradle,
I am driven astray by them
into this moonless territory
that lies askew, somewhere
between the dead of night
and the half-light of day.

And heaping woe on woe
they've had this grip all my life
so that I have no notion
if I'm facing east or west
and if I'm coming whether
it's that I'm truly going.
Always at a remove from myself
in the otherworld I'm sentenced to.

Here I am growing old
before my time, losing the grace
of my beautiful youth,
and when my fairy lover comes
to draw the seed from me, melancholy
oppresses me and a lethargy
that steals the bite from my mouth
and I do not have it in me to resist.

These days I'm in the care
of a consultant doctor from Newry.
When, weeping, I tell him
that I have no wish for what I need
and that all food disgusts me
he intones with authority
that God has configured mouths for eating
and that anorexia is the root problem.

"Affirming the self is the best cure!"
That's the path I must take, he says, the way
back to myself. Fresh air
to be taken, regularly, as with food!
He has, the poor man, not a clue!
Physician of the mind! Our sun of knowledge!
But he knows nothing of the fairy lover,
of being taken away, of otherworld decrees.

BEAN A BHFUIL AN GALAR DUBHACH UIRTHI AG CAINT AR NA SIÓGA

In uaigneas an tsléibhe
idir Mín na nGall
agus Mín na Craoibhe
ar leith ó bhealach an phortaigh
suas an Mhalaidh Dhubh
go Loch na Cuiscrí
tá áit uasal, ball folaigh
ina gcónaíonn an t-aos sí.

Ó chaill siad a dtiarnas
os cionn talaimh
tá siad dulta ó shúil
an daonnaí, ina gcónaí
ansiúd ar an uaigneas
idir an dá sholas
ina ndúnáras rúin
i lúb na locha.

Amanta tig an séideán sí
ag rothlú is ag casadh
is ag tógáil tomóga fraoigh
anuas Bealach Fhána Bhuí,
an t-aos sí ag tógáil luais
is iad ag gabháil ón lios,
guím coisreacadh Dé orm féin
ar eagla go scuabfadh siad leo mé.

Sa lag seo ina mairim
idir Mín na nGall agus Mín na Craoibhe
tá seacht ngalar an tsléibhe
ar na bailte fearainn,
bruth craicinn ar na cuibhrinn,
plúchadh anála ar na crainn,
daitheacha ar na claíocha,
tithe ag cailleadh a gcuimhne.

Aréir is mé ag siúl na hoíche
ag iarraidh suaimhnis
chaill mé mo shlí
ar an fhóidín mhearaí
idir Mín na nGall agus Mín na Craoibhe.
Chuir mé mo chóta droim ar ais
is dhiúltaigh mé do mhilseacht bídh
ó fhear óg ag Loch na Cuiscrí.

A FORLORN WOMAN SPEAKS OF THE FAIRIES

In the emptiness of the hills
between Mín na nGall
and Mín na Craoibhe
off the bog road
up Mhalaidh Dhubh
to Loch na Cuiscrí
there is a place of note, a hidden spot
where the *aos sí* live.

Since they lost their sway
in the upper world
they have disappeared
from human sight, hiding out
there in the empty air
between light and light
in their covert safe house
where the lake curves.

Sometimes the *séideán sí* comes
churning and whorling
and cartwheeling clumps of heather
down the Fána Buí track
the *aos sí* gathering pace
as they stream from their fort,
I invoke God's guardian blessing
against them spiriting me away.

In this hollow where I live
between Mín na nGall and Mín na Craoibhe
the seven sicknesses of the mountain
have infected the townlands,
the fields have erupted with pox,
the trees are choked for breath,
the bones of the fences ache,
houses are losing their memories.

Last night as I walked the darkness
foraging for some peace of mind
I lost all track of where I was
on the sod of bewilderment
between Mín na nGall and Mín na Craoibhe.
I turned my coat back to front
and refused to accept the sweet food
a young man tendered at Loch na Cuiscrí.

AN tEARGAL

do Derek Ball

I

Ní labhrann tú
ach go hannamh
agus tú ar do mharana,
a ghúrú an cheana.

Rúnfhocal amháin
ó sheal go seal
á thíolacadh agat
as do bhéal.

Carraig d'fhocal,
tromchiallach.
Ábhar machnaimh,
rúndiamhrach.

Ní labhrann tú
ach go hannamh.
Sin an fáth a bhfuil
an fraoch ag fás

sa spás idir d'fhocail.

II

Tráthnóna gréine
agus lí an óir
ag sní asat
ina stór aoibhnis
tugann tú déirc
do lucht dealúis.

III

Is tú ár laoch
i mbearna na gaoithe,
ar ngaiscíoch dásachtach
i mbéal na bruíne.

Seasmhach, dílis, móruchtúil,
ár gcosaint, a dhíograis,
ó ruathar stoirme,
ó anfa geimhridh.

Ár gcuradh réidh,
sciath ghealaí i do dheis
sleá gréine i do chlé.

I do cholgsheasamh
agus faoi riastradh,
ní baol dúinn an anachain,

agus tú sa bhearna bhaoil,
a fhir ghnímh,
a Mhic an Eargail.

IV

Tá tú i ngrá
leis an fharraige
cé nár mhaith leat é a rá;
an fharraige luascach, líofa, lúth,
a labhrann leat gach lá
le fuaim bhinn na dtonn.
Tá tú faoi gheasa
ag a súile glasa luainneacha,
ag a cosa geala lúbacha,
ag a hanáil ghoirt.
De shíor tá tú ag éisteacht
lena cuid rachtanna cainte,
lena cuid taomanna goil.
Níl tarraingt d'anála ionat
nuair a nochtann sí
a mása móra mara
amuigh ansiúd i mbéal Thoraí.
Tá tú i ngrá leis an fharraige
is beidh go brách,
ach anseo tá tú i bhfód
go domhain is go daingean
is ní aistreoidh tú ariamh
léithe siar sa ród.

V

Chan ionann agus an fharraige
atá go huile ina boige,
sobhogtha agus spreagtha
ina dearcadh, ina cleachtadh,
í tógtha suas le taisteal
na gcríocha, seal thíos, seal thuas.

Tá tusa trom ionat féin,
i gcónaí ag iompar meáchain.
Righin i do mheon agus righin
i do mheabhair, níor chleacht tú
an teacht agus an t-imeacht.
Tá tú cruaidh, dobhogtha i do dhóigh.

Ach lá éigin níos faide
anonn, déanfaidh an fharraige
an ball bog a aimsiú ionat,
nuair a thiocfaidh sí i dtír,
ag maidhmeadh a coirp tharat
go tiarnasach, gealghlórach.

VI

Tá an fharraige de shíor ag caint,
ag scaipeadh scéalta.

Tá tusa go buan i do thost,
ag meabhrú ar néalta.

VII

Dá labharfá thusa ar an éigse
bheadh do chuid cainte lán de chloch-thuigse.

VIII

Nuair a luíonn an solas ort,
an solas ársa a aistríonn chugainn
ó am i bhfad uainn,
aoibhníonn d'aghaidh
spadliath fhéasógach
is tá tú arís óg,
milliúin bliain ó shin.

IX

Foighdeach
    ardcheannasach
        seasmhach

móruchtúil
    neamheaglach
        tiarnúil

teipeann
    ar an fhoclóir
        aithris a dhéanamh
          ar do ghlóir

ar scor ar bith
    tá tú níos sine
        ná aon teangaidh
          níos buaine.

X

Creideann siad ionat,
    na carraigeacha fána seo
        sna cuibhrinn.

Is tusa an Neach Naofa,
    an tUilechumhachtach,
        an Tiarna Síoraí.

Is é a mian is a ndán
    dlúthú leat mar a bhí;
        a bheith iomlán.

XI

As tinidh thús an tsaoil
a cruthaíodh thú.

Tá beo den tinidh sin
ag dó ionat i dtólamh,
an choigilt i do chuid carraigeacha,
an laom i do chuid leacacha.

Tá an spréach sin ag feitheamh
ar lá na cinniúna
nuair a bhrúchtfaidh sé
as do chlocha giniúna,
ina bhladhm lasrach,
ina chraos mhillteach.

As tinidh a cruthaíodh thú
I dtinidh a chaillfear thú.

XII

Is réidh agat é!
bhí tú ann romhainn,
beidh tú ann inár ndiaidh.

XIII

Ní raibh tú riamh
faoi shotal Dé.

Tá tú níos sine ná É,
Dia úd an daonnaí,

a cruthaíodh
as eagla, as imní,

as mearbhall céille,
as práinn na héaga.

Ní raibh tú riamh
faoi shotal Dé.

Ní heol duitse
díomuaine an duine.

XIV

As gríos na giniúna
a fáisceadh thú,
an t-oighear a mhúnlaigh thú,
an ghaoth is an ghrian
a shnoigh thú,
an sneachta is an síon
a chuir snas ort,
an fraoch a chuir snua ionat,
an caonach a chuir éideadh ort,
an raideog a chumhraigh thú,
an ceannbhán a d'fhág féasóg ort,
an fhuiseog a thug ceol duit,
an nádúr a thug buanaíocht duit,
an nádúraí, an créatúr díomuan,
a thugann ómós duit.

XV

Inniu baineadh
soir asam
sa Mhám
idir tú féin
agus an Cnoc Glas.
Bhí mé i gcéin
agus as m'am.
Chonacthas domh go raibh
gairdín criosantamam
amuigh i mbláth
faoi do scáth,
go raibh coillidh
crann silíní
ag craobhú ar do bheanna,
go raibh aeráid na Seapáine
ag cur aoibhe ort is gnaoi,
go raibh Mín na Craoibhe
i gcroílár Kyoto,
go raibh bean i gKimono
ag umhlú duit go béasach.
Mura raibh ann ach mearbhall ama
a shaobh mé, is cuma.
Chonaic mé Hokusai, an saoi,
agus é ar a ghlúine d'adhradh
a Eargail, a Fujiyama.

XVI

Ag amharc uait de shíor
ar thimthriall an tsaoil,
ní chuireann ár mbeatha uafás ort,
ní chuireann ár mbás áthas ort.

Ní hionann tú agus muidinne
na neacha eaglacha
a dhéanann an saol a thomhas i laethanta.
Déanann tusa an saol a thomhas i gclocha.

XVII

Trathnóna fómhair
ó ait ard aerach
siar ó Ard na Seamair
tchím thú ag tarraingt
clóca labhandair
den tsíoda fraoigh
is gleoite ar an tsliabh
thart ort féin, a Oscair.

XVIII

Nár mhéanar
dá mbeinn ag cur fúm
ar feadh mo shaoil
i do dhíseartán fraoigh,
ar do shleasa gaothrite
ar do bheanna grianlasta,
do do dhreapadh gach lá
de choiscéim chneasta.

Is tú an staighre chun na spéire,
dréimire na gréine.
Sa tsolas ar do bharr
d'aimseoinn mé féin,
is bheadh tuigbheáil agam
nach dtig ó shleachta suadh
ach ó ghaoth ag teacht
de dhroim sneachta,

oíche sa Mhárta rua
is ó shú bog na bhfraochóg
i bhfómhar na sméar.
Bheinn ag adhradh na ndúl
is an mhaidin óg
ag cur maise ort
is do do mhóradh
os comhair mo dhá shúil.

Nár mhéanar
éalú ó gheimhle an tsaoil,
ceangal na gcúig gcaol
a scaoileadh saor, liú
dúshláin a chur asam
ar do bhuaic gealaí,
ar do bheanna baoil.

Dálta Han Shan
an t-oilithreach dána
a chaith a shaol thuas
ar an tSliabh Fhuar,
an file beoshúileach,
fiánta, fadfhulangach,
á shaoradh féin go buan
sna scamaill bhána.

XIX

Tráthnóna samhraidh
is mé ag siúl an tsléibhe
bíonn tú romham
i linnte portaigh,
beag agus gnaíúil
amhail is go dtiocfadh liom
breith ort agus barróg
a thabhairt duit, a dhuine chléibh.

XX

An cuimhneach leat
na glúnta urramacha
a chaith a mbeatha
ag saothrú is ag síolrú
i dtráth agus in antráth
anseo faoi do scáth?

Nó ar imigh siad
na fir úd agus na mná
a d'fhéach suas ort
go hómósach gach lá,
ar imigh siad go brách
as annálacha do chuimhne?

An caill duit an duine?

XXI

Cupán tae,
ceol na n-éan,
dán nó dhó
má thig an bhé,
beo slán
ach ar an bheagán,
is an bás —
cás gach éinne —
ag sealbhú ionam.

Is ní thig liom
mo shúil a bhaint duitse
ach ag breathnú ort
lá i ndiaidh lae,
ag meabhrú ort
ag éirí ansiúd
go cróga
ó shaol bocht
lomchnámhach na cré.

XXII

Tá muid i gcónaí
ag iarraidh tú a chruthú
inár n-íomhá féin.

Síneadh a bhaint asat
le meafar,
tú a shoiléiriú
le samhlaoid,
neart a chur ionat
le siombail.

Nár dheas dúinn
tú a fhágáil
mar a bhí tú riamh ...

i do shliabh?

XXIII

Níl sliocht ar bith ort,
mo dhálta féin, a chroí,
ach amháin an saothar seo
le do thaobh, na cnuasaigh
cloch seo, dánta crua
a tháinig asat le dua.

Tá an chloch ghréine
ag lonrú go líofa
i do chuid dánta molta;
an t-eibhear tréan
ag neartú do chaointe;
an chloch aoil
géar i do chuid aortha.

Tá mé in éad leo.
Buanóidh siad
nuair atá mo chuidse
imithe ina gceo.

XXIV

As a sheasmhacht
nuair a bhí mé as stiúir,
tá tú cosúil le m'athair.

As a cneastacht
is mé ag imeacht le saol úr,
tá tú cosúil le mo mháthair.

As d'aimsir ghlas
nuair a bhíonn do ghnúis dúr,
tá tú cosúil liomsa.

XXV

Shiúil mé thú i gcéimeanna miona,
gach malaidh is mullach, gach log is learg,
gach binn shíon-nite, gach droim grianlite.
Dhearc mé go cruinn a raibh ag fás ort go gleoite,
do chuid lusanna fiáine is do chuid luibheanna íce.

Chonaic mé thú i bhfallaing liathbhán an Mhárta
agus i mbréidín fraoigh an fhómhair.
Chonaic mé thú i gclóca gréine na Bealtaine
is i mbáine shíodúil an Eanáir
ach dá mhéid a dhearcaim thú is lú

d'aithne is d'eolas a chuirim ort, a rún,
ach sin dán an té atá faoi do gheasa diamhair.

ERRIGAL

for Derek Ball

I

You speak
but seldom
in your contemplation,
you guru of the affections.

A single cryptic word
at intervals
is your offering
your utterance.

A boulder of a word,
ponderous with meaning.
Matter for meditation,
mysterious.

You speak
but seldom.
This is the source
for the heather blossoming

in the space between your words.

II

On a sunlit evening
with the golden sheen
melting from your skin
in exquisite tributaries,
you dispense alms
to the destitute.

III

You are our warrior
in the gap of the wind,
our daring champion

Faithful, steadfast, stout of heart,
our shelter, our eager
guard against skirmishing storms,
against winter's blitzkrieg.

Our imperturbable hero,
in your left hand a lunar shield
a blade of sunlight in your right.

When your hackles rise
in the frenzy of battle
tempests do not threaten us

while you man the gap of danger,
you of high deeds and lineage,
Errigal, Son of Errigal.

IV

You are in love
with the sea
but loathe to say it;
the fluent, sinewy, swaying sea
who every day speaks to you
in the sweet utterance of waves.
You are entranced
by her glittering green eyes,
her lithe white legs,
her briny breath.
You never tire of listening
to her streams of talk,
to her paroxysms of weeping.
There is a catch in your breath
when she bares those heaving buttocks
far out in Tory Sound.
You are in love with the sea,
and always will be,
but you are anchored here
deep down beyond budging,
with not a ghost of a chance
you'll go roving out with her.

V

Not at all like the sea
all downy and malleable,
flexible and tensile
in her outlook, her habits,
absorbed in exploring
margins, up down and all over.

You are weighty in yourself
always bearing some load.
Unmoving in temperament
in thought, you were never into
non-stop arrivals and departures.
Your ways are steadfast, rooted.

But some fine day in the far
future, the sea will nuzzle out
your soft spot, your weak point,
when she makes landfall,
inundating her body around you,
dominating with wild bright cries.

VI

The sea is constantly chattering,
scattering gossip around.

Your silence is an endless
contemplation of cloud.

VII

If you were to speak of poetry
your words would be animated by stone.

VIII

When the light settles on you,
the ancient light that transitions to us
over immeasurable time,
a smile widens all over
your bearded stone-grey face
and you are young once more,
light-years ago.

IX

Imperturbable
> sovereign
>> unyielding

great-hearted
> unafraid
>> imperious

vocabulary
> has no capacity
>> to catch the timbres
>>> of your voice

and in any case
> you are older
>> than any language
>>> more enduring.

X

They are your disciples,
> these boulders scattered
>> erratically in the fields.

You are the Sacred Being,
> the All Powerful One
>> the Everlasting Lord.

Their long-ordained longing
> is to be one with you as once they were;
>> to be made whole.

XI

The primal conflagration
was your casting.

A glowing from that furnace
persists in your core
hoarded in your rocks
a seething in your slabs.

That ember awaits
the day of reckoning
when it will haemorrhage
from the stones of your begetting
in fiery inundation
voracious carnage.

Created in fire,
in fire you will perish.

XII

Fine and easy you have it!
here before us
still here after us.

XIII

You never bowed and scraped
under God's arrogance.

You are far older than He,
this human God,

Who was created
out of fear and anxiety

a bewilderment of reason
the whelm of death.

You never bowed and scraped
under God's arrogance.

You do not know
human ephemerality.

XIV

You were wrung
from generative embers,
ice formed you,
wind and sun
sculpted you,
snow and storm
pelted you smooth,
heather made your skin glow,
moss clothed you,
bog myrtle perfumed you,
bog cotton downed your cheeks,
larks piped you music,
nature immortalised you,
and nature-lovers, poor mortal creatures,
venerate you.

XV

Today something strange
upended my orientation
on the high Mám
between yourself
and Cnoc Glas.
I was far away
and zoned out.
It appeared to me
that a chrysanthemum garden
blossomed profusely
in your shady lee,
that a grove
of cherry trees
grew among your peaks,
that the ambience of Japan
brushed you with exquisite joy,
that Mín na Craoibhe
was in the heart of Kyoto,
that a woman in a kimono
bowed towards you with decorum.
If it was bewilderment of zones
that deceived me, let be.
I could see Hokusai, the master,
on his knees, venerating
you, Errigal, and, Fujiyama, you.

XVI

As you constantly scan the horizons
of the world's great circuits,
human lives do not appal you
nor do human deaths exalt you.

Our lives cannot bear comparison,
creatures whose being is dread
and whose lives in days are measured.
Your lives are measured out in stone.

XVII

On an autumn evening
from an airy frolicsome place
west from Ard na Seamair
I saw you flaunt
a lavender cloak
of the most gorgeous silk
heather on the mountain
around yourself, Oscar.

XVIII

What a dream it is
to imagine spending
the whole rest of my life
in your heathery hermitage,
on your wind-ridden slopes
around your sunlit peaks
ascending you each day
with compassionate footsteps.

You are the steps to the sky,
the ladder towards the sun.
in the light of your summit,
I would unearth myself,
and I would have awareness
not from the work of sages
but from a wind whistling
from the tops of snowy ridges

or in its wild March rages,
and from soft whortleberries
in their autumn juiciness.
I would pay homage to the elements
while the vestal morning virgin
garlanded and decked you
with votive respect
before my very eyes.

What a dream it is
to sever the world's fetters,
to free the manacles
on life and limbs, and to whoop
my defiance to the air
on your moonlit peak,
your hazardous heights.

Then to become Han Shan
pilgrim of high daring
exalting his whole life
on the eminence of Cold Mountain,
the wide-eyed poet,
shaman, ascetic,
setting himself forever free
into the white clouds.

XIX

Summer evenings
when I walk the uplands
I see you looking at me
from small bog-pools,
handsome in miniature
so that I could circle
my two arms around you
and, friend of my heart, hug you.

XX

Do you remember them
those treasured generations
who spent their lives
slaving and sowing
good years and bad
here in your shadow?

Or were they erased,
those men and women
who raised their eyes to you
respectfully day after day,
were they erased irrevocably
from the annals of your memory?

Does human absence echo in you?

XXI

A cup of tea,
birdsong,
a poem or two
if the muse happens along,
alive and strong
enough to survive,
and death's tenancy –
oh that universal lodger –
well settled in me.

And I just cannot
take my eyes from you
cannot but stare
day after day at you,
contemplating you
raising yourself
bravely up there
from the poverty
of the raw-boned earth.

XXII

We are forever
seeking to recreate you
in our own image.

To stretch you out
with metaphor,
to clarify you
with an image,
to lend you strength
with a symbol.

What if we
let you just be
as you always were ...

maybe a mountain?

XXIII

You have no offspring,
like myself, dear heart,
but for this travail
beside you, these collections
of stones, poems hard won
after long labour.

The white quartz
gleams eloquently
in your poems of praise;
the unyielding granite
strengthens your keening;
limestone is the cutting
edge of your satire.

I begrudge them.
They will endure
when mine are misted
into impermanence.

XXIV

In his steadiness
when I reared against the reins
you mirror my father.

In her kindness
when I embraced a new world
you mirror my mother.

In grey weather
your churlish countenance
mirrors myself.

XXV

I walked you with small, intimate steps,
each slope and summit, each hump and hollow,
every wind-washed gable and sun-licked ridge.
I took precise stock of your lovely growing things,
your wildflowers and your herbs of healing.

I saw you in the thin grey cloak of March
and in the heathery tweed of autumn.
I saw you glowing in May's aureate mantle
and in the silken sheen of January,
but the more intense my gaze, the less

I know and understand of you, dear oracle,
ordained to fail, just, to catch your words.

NA BAILTE BÁNAITHE

do Eoin Mac Lochlainn

I

Tráthnóna idir an dá sholas
tchím iad ag taibhsiú chugam
as ceo folaigh na nglúnta.

Mo sheanathair, muintir
mo mhuintire, tchím iad
ag obair amuigh faoin spéir,

na fir ag buain i gcuibhrinn
nach bhfuil ann níos mó,
na mná ag blí na mbó

i mbuaile gréine na Míne
na páistí ag déanamh folachán
i measc stucaí agus síogán.

Fad m'amhairc uaim
tchím slua dea-bheo na marbh
ag tionól ar na seanfhóid,

i mbailte beaga bánaithe
na mbunchnoc, i Mín na bPoll,
i bProchlais, i Mín na gCopóg.

Glúin ar ghlúin, amharc súl
de dhaoine ag siúl go réidh
as Mín m'aislinge, gach glúin i gcré.

Cumhaidh orthu i ndiaidh na háite
a ghnáthaigh siad, na bailte seo
ar chaith siad a ré leo.

A gcoiscéim chomh ciúin
leis an oíche ag titim
is iad ar a mbealach 'na bhaile,

cuing rúin orthu choíche
i ndiaidh na réigiúin a shiúl
ó Mhín na mBeo go Mín na Marbh

II
Le gach anáil dá dtarraingím
mothaím ag éirí iad ina nduine
is ina nduine as mínte m'aigne,

as na bailte fearainn atá curtha
i bhfód beo mo chuimhne,
as cúig ghlúin an dúchais

a thig chun solais anois
is mé ag gabháil i bhfód ionam féin
i mbéal an uaignis.

Iad ag cuisliú i mo bhaill bheatha,
ag teacht i gcrann i m'aigne, ag apú
ar chraobh cinidh mo chuimhne.

III

I bpáirc an tseantí tráthnóna fómhair,
na hiomairí bána faoi bhrat na cíbe,
is fada ó rinneadh iad a rómhar.

Cumhaidh orm i ndiaidh an tsaoil úd
a bhfuil glúin ghaoil agam leis
is atá anois faoi fhéar an dearmaid.

Mise nár lean lorg mo mhuintire,
iadsan a chuir is a bhain, bunadh na cré
a mhair de réir ghnása na tíre

ó ghlúin go glúin, na fir thréana
a phóraigh an síol i mbroinn
agus i gcuibhrinn; na mná teasaí

a sheas leo is a thug cúnamh
an dá lámh daofa achan lá.
Ní thig liom iadsan a leanstan,

mise nár thóg claí, nar threabh gort,
nár ghin mac nó iníon dár ndúchas,
dár gcineál. Is bocht liom mo chás

iad a fhágáil anois gan oidhre óg
is fód mo dhúchais ag gabháil seasc
i Mín na bPoll, i bProchlais is i Mín na gCopóg.

IV

Tá tost an dearmaid ag titim
ar lucht roiste na dturtóg
i Mín na bPoll, i bProchlais is i Mín na gCopóg.

Ar Chlann tSuibhne a bhí teann,
ar Earcánaigh an tseanchais,
ar na Baoilligh a bhí gnaíúil.

Tá ochlán caointe sa ghaoth
a shéideann aniar ó Altán
is anseo tá damhán alla

ag fí abaid an bháis
i bhfuinneog bhearnach an tseantí
inar chónaigh mo chineál fadó.

Ar Ard na mBothóg is an ceo
ag teacht anuas idir dall agus dorchadas
ar Mhín na bPoll, ar Phrochlais,

ar Mhín na gCopóg, seasaim san uaignes.
Tá glas béil ar gach baile is ní dhéanfar
an chuing seo a bhriseadh le mo bheo.

THE DESERTED VILLAGES

for Eoin Mac Lochlainn

I

At evening, in the half-light
I see them taking shape
out of the veiling mist of ancestry.

My grandfather, my people's
people, I can see them
working out in the open,

the men reaping in small fields
that have long gone,
the women milking the cows

in the sunlit haggard of Mín,
the children playing hide-and-seek
among stooks and sheaves.

In the far distance I see
the hosts of the dead alive and well
gathering in their home-places,

in the small deserted villages
of the foothills, in Mín na bPoll,
in Prochlais, in Mín na gCopóg.

Generation after generation appears
walking at an even pace
from the Mín of my imagination, those buried generations.

They are pining for the place
they used to frequent, these villages
where they spent their lives.

Their footsteps are silent
as the night closing in
while they make their way home,

yoked forever in the secrecy
of the regions they have travelled
from the Mín of the Living to the Mín of the Dead.

II

With every breath I take
I feel them rise up one
after another from the meadowlands of my mind,

from the townlands that are buried
in the living sod of my memory,
from the five generations of *dúchas*

that are now coming to light
as I enter into the sod of myself
in the jaws of loneliness.

They are pulsing through my body,
ripening in my mind, blossoming
on the family tree of recollection.

III

The field of the old house, an autumn evening,
the fallow ridges shrouded in sedge,
a long time since they were dug.

I am heartsick for that world
that I am bound to by generations
and that is now under the indifferent grass.

I who did not follow my people's way,
those who sowed and reaped, earthy people
who lived by the customs of the place

from generation to generation, the strong men
who sowed their seed in womb
and in field; the passionate women

who stood with them, and gave armfuls
of help to them every single day.
I cannot follow their way,

I who did not build a wall, nor plough a field,
who did not beget a son or a daughter of our kind,
of our kindred. It's a poor thing

to leave them now without a young heir
while my inherited ground grows infertile
in Mín na bPoll, in Prochlais and in Mín na gCopóg.

IV

The silence of forgotteness is falling
on those who leveled the hummocks
in Mín na bPoll, in Prochlais and in Mín na gCopóg.

On the strong-willed Sweeneys,
on the storytelling Harkins,
on the genial Boyles.

There's a keening moan on the wind
that's coming west from Altán
and here there is a spider

weaving a shroud
in the gapped window of the old house
where long ago my people lived.

At Ard na mBothóg with the fog
coming down blindly, darkly
on Mín na bPoll, on Prochlais

on Mín na gCopóg, I stand bereft.
Every village is locked in silence, and this yoke
will not be lifted while I live.

AISLING AR ARD NA MALACHA

Siúd thall na mairbh, meangadh ar a mbéalaibh,
ag siúl go mall i dtír thalaimh a mbunaidh.
Iad ar fán i bhfearainn nach bhfuil i ndán dóibh.

Tá siad caillte i mbailte na neantóg is na gcopóg,
mearbhall céille orthu agus seachrán,
ag siúl na bhfódaibh a bhí agus nach bhfuil níos mó.

Siúd na mairbh ag síothlú, a ndreachanna feoite
ag dorchú idir an dá sholas, ag fágáil
lorg a scéil san aer, scríofa le cipín dóite.

A VISION ON ARD NA MALACHA

See them, there on the slopes, the dead, smiling,
in slow procession through their people's holdings.
Wandering in places where they no longer have claim.

They are lost in villages of nettle and dock,
disorientated, their wits astray,
treading sods that were but no longer are.

See the dead fading, their withered faces
darkening in the twilight, inscribing
with a burnt twig their story in the air.

NA FÁMAIRÍ

Na stráinséirí seo
ag déanamh aeir dóibh féin

ar fud na mbailte fearainn,
iad teann astu féin,

ag spaisteoireacht thart
sna seanghabháltais,

ag galamaisíocht
lena gcuid madaí dúchais.

Ag déanamh iontais
den tsleán, den speal, den tseisreach.

Iad ag béarlóireacht
go teanntásach,

beag beann ar gheaftaí,
beag beann ar Ghaeilic.

TOURISTS

These strangers
taking the air for themselves

all over the townlands,
so at home with themselves,

strolling all over
the old holdings

airing and gracing
with their designer dogs.

Oohing and aahing
at *sleán*, at scythe, at plough

they speak a language
full of its own importance,

clueless about gates, absolutely
clueless about Gaelic.

BAILE AN tSLÉIBHE

Ansiúd tá baitsiléir a bhí tráth ina fhear ábalta
ag titim anois ar a bhata, creapalta leis an aois,
a chuid talaimh amuigh díomhaoin, cónaí air in *demountable*.

Ansiúd tá bean aonair ag cur fúithi i mbungaló,
buidéil d'uisce an ollmhargaidh ina gcarn fuílligh ag binn a tí.
Níl sí ag tarraingt ar thobar an fhíoruisce níos mó.

Ansiúd níl fágtha ach na fothraigh agus na ballóga,
cnádáin agus feochadáin á bhfódú féin go colgach
sna tithe ina mbíodh gleo fadó ó theaghlaigh óga.

Ansiúd tá fód an dúchais anois ina fhód an bháis,
i mbailte inar nigh an bháisteach an mianach méith as an chré
go díreach mar a sciob an imirce léithe óige na háite.

BAILE AN tSLÉIBHE

Over there an old bachelor lives, once an able man,
now drooping over his stick, cramped by age,
his land outside idle, he lives in a demountable prefab.

Over there in the bungalow there's a single woman,
supermarket water-bottles heaped at the gable.
She no longer draws her water from the spring well.

Over there just ruins are left, just the walls,
thistles and thorns raising their hackles
where long ago young life raised its voice.

Over there the living sod has become the grave-sod,
in townlands where rain has leeched the richness from the earth
so too has youth's uprooting left the place bereft.

Na Saighneáin

2014

ALTÚ AN tSOLAIS

Ní i nDia atá mo dhóchas
ach sa tsolas;
sa tsolas órbhuí, ghlórmhar, uileghabhálach seo
a thig chugainn
ó réimeas i bhfad uainn
is a thuirlingíonn orainn
go grástúil, glé, spreagúil,
ag spré a thíolacthaí mórthaibhseacha
go fial is go heolgaiseach
ar shaol maoldorcha na cré.

Ní i nDia atá mo leas
ach sa tsolas;
sa spré réidh ardréime seo
a shoilsíonn go suáilceach
ar chnoic is ar chaoráin
is a chuireann dé bheo an lae
ar lasadh i ngach gné dár gcineál.
Tar éis na mbeart, tá an tsuáilce sin aige,
a bheith ábalta na fearta féile a dháileadh gach lá
óir is eisean an Cách a chothaíonn ár mbeatha.

Ní i nDia atá mo shólás
ach sa tsolas;
sa tsolas thíriúil seo a bhfuil siúl faoi
agus é ag scaipeadh a shoiscéal aoibhnis
ar gach ní ina shlí, ag tabhairt spreagadh don fhuiseog
agus ardú meanmnan don bhachlóg;
ag tógail ghruaim an gheimhridh
d'éadan lom na mbailte fearainn.
Seasaim sa doras cuachta ina bhachlainn
is ligim mo throm ar a ghualainn.

IN GRATITUDE FOR THE LIGHT

Not in God does my hope rest
but in the light;
in this golden, glorious, all-embracing light
that journeys to us
from a distant dominion
and descends on us
gleaming, graceful, animating,
spreading its gaudy offerings
generously, intuitively
on the bare gloom of the world.

Not in God does my betterment rest
but in the light;
this gentle dispersal of largesse
that shines beneficently
on moorland and mountain
and breathes the daily spark of life
into all our human being.
In the end of all, this its power,
this miraculous plenitude of days
for it is the One who is our nourishment.

Not in God does my comforting rest
but in the light;
this earthy light whose journey
is urgent with tidings of joy
for all in its path, invigorating the lark
and swelling the morale of buds;
lifting the dreariness of winter
from the bleak townland faces.
I stand in the doorway wrapped in its embrace
and rest my weight on its shoulder.

AN SIOLASTRACH

Domhsa is tú
ruithne ghlé bhuí
an Mheithimh.

Mo bhláithín caoin
atá chomh mín
le heiteog na riabhóige.

Is tú an ríon óg
sa díobhóg do shlánú féin
faoin ghréin.

Do theangaidh bhuí bhinn
bhláfar ag móradh
an tsolais.

Bé na céille
ag baint sú as an tsaol
sula gcaillfidh tú

do ghné is do ghnaoi,
sula dtiompóidh tú
aríst i do chré.

WILD IRIS

For me you are
the clear yellow radiance
of June.

Delicate bloom
smooth
as a lark's wing.

Fairytale princess
accepting the stream's sanctuary
from the sun.

Your honey-gold tongue
blossoms into adoration
of the light.

Muse of wisdom
sipping at the world
before you lose

your youth and bloom
and turn yourself
to earth again.

ÓMÓS AN tSIOLASTRAIGH

Bíodh blátha na dtulach
ar gach taobh,
an mhínscoth agus an garbhlus;
ní hiadsan atá mé a mhaíomh,
ní hiontú atá m'iontaoibh
ach sa tsiolastrach bhuí, saoi na díge,
a thógann mo chroí lena aoibh.

A cheann glébhuí cocánach
ag luascadh go háthasach,
áras a chléibh ar leathadh
do sholas caoin an tsléibhe
agus é ina sheasamh go croíúil
i ndíobhóg an bhóthair
agus mé ag gabháil chun an tobair.

É ag meabhrú domh gach lá
lena líofacht bhuí lúcháireach
go dtig gach doiligh a shárú
agus cé go bhfuil mo shaothar
ag gabháil amú san abar
gur éirigh leisean borradh
agus bláthú as abar agus clábar.

Bíodh blátha na dtulach
ar gach taobh;
lus Cholm Cille is coinnle Mhuire;
ní daofa atá mé ag géilleadh
ach don tsiolastrach chaoimh
a spreagann mé lena aoibh
le suí anseo san abar ag altú na gréine.

HOMAGE TO THE WILD IRIS

Let the flowers of the low hills
assemble on all sides,
rough goose grass, smooth knapweed;
I make no claim for these,
I pledge no faith to these
but in the yellow iris, the sage of drains
who lights my heart with his beam.

That head furled in bright yellow
happily swaying away,
the chambers of his heart open
to the soft light of the mountain
as he stands manfully
by the roadside stream
while I make my way to the well.

Day in day out he reminds me
with his joyful yellow fluency
that adversity can be transcended
and that while all my labouring
seems to seep into the bog
he emerged into the light
out of morass, out of mud.

Let the flowers of the low hills
assemble on all sides,
St. John's Wort and Mary's Candles;
I yield nothing to them
but to the wild, gentle iris
who smilingly inspires me
to sit here on the bog, grateful for the sun.

DO SARAH BOGATI:
AGUS Í AON MHÍ D'AOIS

Is aoibhinn liom
    do ghutaí pléascacha
    do shiollaí srónacha
    do chomhfhocail chaointeacha
as teangaidh gan inscne.

Tá deis a labhartha agat
    i gcaoineadh agus i ngáire
    i liú agus i mbéic.
    Tá tú ábalta tú féin
a chur in iúl i dtost.

Agatsa atá teangaidh
    líofa na mbuafhocal.
    Ó do chliabhán ríoga
    fógraíonn tú go haigeanta
féinriail an bhriathair.

Níl ach aimsir amháin
    i do theangaidh shuáilceach.
    Tá tusa beo bríomhar
    agus ag gníomhú, a chroí,
san aimsir láithreach.

Sin an aimsir, a stór,
    a d'fhóirfeadh dúinn go léir
    atá caillte san aimsir chaite
    nó ar fionraí go síoraí
san aimsir fháistineach.

FOR SARAH BOGATI

I revel in
>your plosive vowels
>your syllabic snuffles
>the compound words of your crying

in a language without gender.

You can speak it
>laughing or crying
>yelling or bellowing.
>You have your own way

of asserting yourself in silence.

Yours is the fluent
>language of dominion.
>From your royal cradle
>you cheerfully decree

verbal autonomy.

There is but one tense
>in your unspoilt language.
>You live and breathe
>and act, dear heart,

in the present continuous.

That, little treasure, is the tense
>it would suit us all to frequent
>who are either astray in the past
>or in perpetual suspension

somewhere in the future.

DO CHRISTOPHER ISHERWOOD

Tá mé ar leac an dorais agat, oilithreach aerach, a *Christopher*,
chuig an teach seo inar chuir tú do chló craicneach féin
ar Bheirlín do linne. Teach lóistín *Fraulein Schroeder*.

An teach dána, dea-chroíoch, cúlchainteach seo a bhí lán
de ráflaí na huaire agus de scéalta reatha na sráide.
Uimhir a seacht déag, Nollendorfstrasse. Teach buíbhán,

is na colmáin ina suí ar bhalcóiní gréine na bhfuinneog inniu
ar an Domhnach sítheach sóch seo i gcathair atá faoi bhláth.
I mo sheasamh ag do dhoras tig na deora liom go tiubh

is tú ag teacht chun solais i mo mheabhair, do nochtadh féin
i m'aigne cé nach bhfuil d'aithne agam ort ach aithne na leabhar
ó bhuail mé leat in *Goodbye to Berlin* tríocha éigin bliain ó shin.

Tchím tú sa tseomra úd, an troscán tromaosta Prúiseach
thart ort agus tú ag saothrú go dian ag tabhairt beatha
na healaíne don treabhlach bhoithéimeach, réchúiseach

a bhí ar lóistín leat anseo i dtús na dtríochaidí;
na carachtair ar bhronn tú buanchlú orthu agus báidh –
Mr Norris, *Fraulein Schroeder* agus *Sally Bowles* álainn na hamaidí.

Tá mé ar leac an dorais agat anois ach tá tionóntaí eile
i mbun an tí, *Weiss* agus *Wagner*, *Miller* agus *Bretner*,
ach ní hiadsan a fheicim ach tusa; an grinneas úd i do shúile

agus tú ag féachaint orm, gan a dhath le himeacht ort;
an grinneas úd lena dtug tú Beirlín i mblianta thús na broide
chun solais. Beirlín somheallta an tsómais. Beirlín bocht an ghorta.

"*I'm a camera*," a dúirt tú féin agus b'fhíor duit sin go cruinn
óir cheap tú an saol anseo go beo, beatha reatha na cathrach
faoi lionsa líofa na bhfocal agus uair chruaidh na cinniúna

buailte léithe; na Naitsithe agus a gcuid bithiúnach ag brú
chun cinn; ag bruíon agus ag borbú troda ar na sráideacha;
na léirsithe naimhdeacha, na slógaí dúshlánacha, an sluaghriosú,

an chaithréim bhréige agus Hitler ag bradú a shlí
go dtí an Reichstag. Cheap tú é go léir, a *Christopher*,
an chathair seo ab ansa leat agus í ag cailleadh a gnaoi.

Tá mé ar leac an dorais agat anois agus cé go bhfuil tú i gcré
seo chugam thú ar do sheanléim aerach anuas an staighre
agus rógaireacht éigin ag fabhrú i do shúile glé.

Agus ar shiúl linn fríd na sráideacha seo; Eiseanachar,
Motzstrasse, Fuggerstrasse, i measc na mbeáranna flúirseacha
agus a gcuid buachaillí áille, gormshúileacha, fiáine, a *Christopher*,

an cineál a dtug tusa taitneamh daofa ariamh, a chroí,
Otto, *Bubi*, *Heinz*; seo chugainn iad, gealgháireach agus fáilteach.
I ré seo an tsaoil réidh ní gá daofa aon cheann faoi

a bheith orthu agus iad amuigh go teasaí, péacach, málóideach,
sa *Blue Boy*, Tigh Tom, sa *Pussyca*t agus i b*Pinnochio*.
"*Life is a cabaret old chum*," a deir tú liom sula n-imíonn tú as mo
   bhrionglóid.

Ó mo cheol tú, a *Christopher*. Bhain tusa séis cheoil as an tsaol
oícheanta feise fadó sular chuir *Hitler* críoch chéasta le ré
na gCabaret Aeracha is lena mbuachaillí bána; do bhráithre gaoil.

Is nuair nach dtiocfadh leat an tíorántacht a sheasamh níos mó
d'fhág tú Beirlin, tú féin agus *Heinz* caoin, bogchroíoch an cheana
ar aistear an tseachráin agus tú ag lorg tír thearmainn dó

ar fud na Mór-Roinne is gan romhaibh ach doicheall agus diúltú;
agus nuair a gabhadh é faoi dheireadh bhris sé do chroí.
Is tuigim do chaill, a *Christopher,* nó níl mé féin saor ón phianbhrú

a bhaineann le scaradh bristechroíoch na gcompánach;
ach choinnigh tú ag gabháil, an solas daonna ag dealramh id' fhocail,
an daonnacht ag cuisliú i bhféitheacha do scéil go súailceach.

Seo mé ar leac do dhorais, a *Christopher*: doras beannaithe an tsóláis
domhsa is do mo leithéidí a thig anseo le tú a adhradh. Duitse, a
  naomhaigh
ár mbeatha aerach, fágaim pósaí focail síos anseo mar chomhartha
  ómóis.

FOR CHRISTOPHER ISHERWOOD

Here I am on your doorstep, Christopher, a gay pilgrim
to this house where you left your own silky imprint
on the Berlin of your day. Fraulein Schroeder's *Pension*.

This brash, bighearted, gossiping house that was full
of every rumour going and of the street's currency.
Number seventeen, Nollendorfstrasse. A bleached yellow house,

with pigeons perched today on the sunlit window-balconies,
this quiet, still Sunday in a city that is in full blossom.
While I stand at your door tears flow without check

as you emerge from my memory, becoming a presence
in my mind even though I know you only through books
ever since I met you in *Goodbye to Berlin* thirty years ago.

I see you in that room, its self-important Prussian furniture
surrounding you as you beaver away at immortalising
in your art that easygoing, bohemian coterie

who lodged here with you at the beginning of the thirties;
those characters you made enduring and endearing –
Mr. Norris, Fraulein Schroeder and beautiful, batty Sally Bowles.

I am on your doorstep now but there are other tenants
running the house, Weissand Wagner, Miller and Bretner,
only I see not them but you; that astuteness in your eyes

as you give me the once-over, letting nothing pass you by;
that astuteness with which you shone a light on Berlin
on the eve of darkness. Naive, easy Berlin. Poor, famished Berlin.

"*I'm a camera,*" you said yourself and you were spot on
as you snapped life precisely here, caught the city on the run
in the wide-angled lens of words as the apocalyptic hour

approached her; the Nazis and their lowlife mobs
advancing; violence and brutality abroad in the streets;
the hostile demonstrations, the slogans, the incitement,

the empty triumphalism and Hitler stampeding his way
to the Reichstag. You captured it all, Christopher,
in the city you loved best as her beauty faded away.

I am on your doorstep now and though you are in the grave
here's you now sprightly and gay as you come downstairs
with some roguery or other shaping itself behind your eyes.

And as we promenade through these streets; Eisenacher,
Motzstrasse, Fuggerstrasse, bars on all sides of us
with their lovely youths, blue-eyed and wild, Christopher,

the type you always fancied, dear heart,
Otto, Bubi, Heinz; look at them, smiling their welcomes.
In these easier times, they have no need to hang

their heads when they step out strutting and playacting
in *Blue Boy* and *Tom's Place,* in *Pussycat* and *Pinnochio.*
"*Life is a cabaret, old chum,*" you say, fading from my daydream.

Bravissimo, dearest Christopher. You played the world wonderfully
on long ago licentious nights before Hitler put a brutal full stop
to the Gay Cabarets and their gay youths; your beloved brethren.

And when you could no longer stomach the oppression
you left Berlin, you and Heinz, loving, kind-hearted Heinz,
wandering without waymarks in search of a refuge

all over Europe encountering only hostility and refusal;
and when at last he was captured, it broke your heart.
And I understand your loss, for I too know the anguish

that attends the heartbreaking scattering of companions;
but you persisted, human gleamings luminous in your words,
humanity pulsing beneficently through the veins of your story.

Here I am at your door, Christopher, a door of blessed consolation
for those like me who come here in your honour. For you, who blessed
our gay lives, this posy of words in homage I now place, here.

TEANGA AN GHLEANNA

do Lillis Ó Laoire

1

Is tú teangaidh Aimhirgin
agus é ag teacht i dtír
go teann ar thonn na díleann
ag cur críocha fáin na hÉireann
faoi gheasa buan a dháin
in Inbhear diamhair Scéine.

Is tú an teangaidh ghaile
a chan Cú Chulainn
agus Cúige Uladh faoi ionradh.
Rosc catha an ghaiscígh
a chuisligh anuas chugainn
ó ghlúin go glúin, ár ngríosú.

Is tú canúint ard na mbard
i gcúirt sároilte Uí Néill,
béarlagair uasal an léinn
lán de chiall is d'eagna chinn
is tuigeadh thú i measc na suadh
ó Chúige Mumhan go Gleann Dá Ruadh.

Is tú ansacht bhinn na bhfilí,
leannán rúin a gcuid amhrán;
béal an tsóláis, brollach na flúirse,
tusa a spreag a ndúthracht;
an mhaighdean lenar luí Ó Doirnín
agus bé úrmhaidine Airt Mhic Cumhaigh.

Oíche is lá ar feadh mo dhearcaidh
is tusa a chím, do chló sa chroí,
do chiall sa smior, do bhrí san fhuil.
Leatsa na briathra seo atá
ag beathú m'aigne, ag cothú mo chuimhne.
Ionatsa amháin a bhuanaím, a ghrá.

2

"Cuir an fód íochtar in uachtar
is músclófar an pór
atá ina chodladh faoi thalamh,"
a déarfadh sé i dtólamh
agus é ag oibriú i gcré a chuimhne
le scéal ón tseanré
nó nath éigin cainte
a thabhairt i gcraoibh
le haoibh a chur ormsa.

Bhí mé ró-óg le leas
a bhaint as an tseanchas
a bhí i dtaiscidh i gcréafóg
thorthúil a chuimhne
nó le meas a bheith agam
ar úire thalún a aigne
is nuair a cuireadh é
thug sé leis chun na cré
fómhar feasa a dhúchais.

Anois seo mé ag gabháil
i gcosúlacht leis
lá i ndiaidh lae is mé
ag tiontú na créafóige
i m'iomaire beag féin
de theangaidh na treibhe;
ag iarraidh, a bheag nó a mhór,
an pór atá i bhfolach
in ithir na bhfocal
a bhíogadh chun craoibhe.

3

Is é is cúis mo chaointe anois
go bhfuiltear ag ligean
do ghabháltais na teanga
is d'ithir mhéith an dúchais
gabháil chun fiantais
i bhfearainn bharr an Ghleanna.

Tá talamh tíre mo mhuintire
á thréigean, an míntíriú is an saothrú
a rinne siad i gcuibhrinn úra
na saíochta, an leasú i ngoirt
na líofachta, an síolchur fada
i gcréafóg mhín na cainte ag gabháil
faoi scraith gharbh an dearmaid
i gcúig achadh seo mo chineáil
i bhfearainn thréigthe an Ghleanna.

Is é cúis mo chaointe anois
go bhfuil an t-aos óg dá dtógáil
ar díth a ndúchais is a dteanga;
dream bocht stoite gan bhród
ag éirí aníos ar thalamh tur an easbhaidh
ina nglúin gan fód
i bhfearainn loma an Ghleanna.

4

Inniu tá an seanbhunadh ina luí
i leapacha na n-éag
is tá teangaidh eile i réim
san áit a raibh buanaíocht ag a ngéaga
le cuimhne na seacht nduine.
Anois tá a dtailte amuigh bán
is a n-éifeacht chainte gan iomrá.
Níor shamhlaigh siad ariamh
go dtiocfadh an lá
nach mbeadh a dteangaidh
faoi ghrásta na buanseasmhachta
anseo i Mín a' Leá.

Is a ndálta siúd ní rófhada
go mbeidh do ghleosa is d'iomrá
imithe as cuimhne na mbeo
is an píosa beag talaimh seo
a shaothraigh tú mar fhile
imithe i bhfiaile na faille.
Bí i do thost feasta, a chroí.
Tá tú i bhfeascair do lae.
Rachaidh tú i gcré
in ithir mhilis do mhuintire
sa talamh dhílis a dtáinig siad i dtír air
in am na díthe, in am an anáis.

Beidh anam sa chuideachta
is tú ag meascadh leis an tseandream;
fir chnámhacha an tseanchais
is mná géagscaoilte na scéal.
Gaolta líofa na gcnámh!
Brollach le hucht, giall le leiceann,
bhur lámha thar a chéile,
dhéanfadh sibh bhur gcomhrá
go fada buan i suan na gile
sa teangaidh a chan bhur ndaoine
ó thánadar thar dhroim na díleann
le Míl is lena mhac, an file.

5

Inniu, a bhé bheannaithe,
tá na sceacha ag gealadh
i ngile do scéimhe.

Craobhóga beaga tíme
atá i ngach dlaoi de dhlaíóga
cumhra do chúil.

Shíolraigh tú, a chroí,
ó ríshliocht uaibhreach
an tseanreachta. Is tú teangaidh

mhaorga, mhórchroíoch
na tíre is na treibhe
dár ghéill mo chineál go buíoch.

Ba tú ariamh leannán gaoil
na bhfilí, an bhé a thug brí
do dhán doiligh an tsaoil.

Mo sheana is mo shinsir
níor shéan siad a ngaol leat
ach iad i do mhóradh go síor.

Is ó dhúiche Uí Bhruadair
go Ratharsair na Leodach
bhí tú faoi ghradam ag baird.

Is trí chianta fada corracha
na gallsmachta, choinnigh tú snua
na háilleachta i do ghua.

Óir is tusa bé na filíochta,
éifeacht eagna ár gcine
agus béal binn ár bhfírinne.

6

Agus is tusa, a mhian, a chuir
an nóta maise, an nóta fiáin,
i gceol cráite ár mianta.

Is tú leabaidh chlúimh
na seirce, tocht bog na n-osnaí,
pluid rúin an phléisiúir.

A bhean glúine an dáin,
a bhean cíche an tsolais,
a mháthair an mhaidneachain,

seo muid i gceann a chéile
trí shéan is trí léan
in easbhaigh agus i bhféile.

Nuair a bhímse, a chroí,
ag cur thar maoil asam féin
is tusa a bhíonn ag sní

óir is tusa cuisle uisce
mo chléibh, an fuarán sléibhe
a bhrúchtann le tuigse.

Is bronnann tú orm briathra
níos soilsí is níos luachmhara
ná seodra na corónach.

Ní háil liom a dhath feasta
ach a bheith ag gluaiseacht leatsa
ar each luais na samhlaíochta.

A bhé bhinn na feasa, seo linn
ar aistir na haeraíochta amach
bealach aisteach na todhchaí.

9

D'éireodh na focail
as míodún a bhéil
amhail nótaí ceoil
a mbeadh eiteoga fúthu
agus é ag inse scéil.

Is bhíodh amharc aeir
is iontais ar fud an tí —
limistéir na mistéire
ár n-aoibhniú, féaraigh
sléibhe an tslua sí.

Is séis cheoil a scéil
ár dtógáil asainn féin,
ár dtabhairt ar shiúl
ó dhúlaíocht ár mbeatha
chuig gile na gréine i gcéin.

10

B'ise cailín deas crúite na mbó
amuigh ar bháinseach úr na maidine
ag dáileadh bainne as crúiscíní geala,
an cothú intinne ab áil le mo chine.

Ach anois ar na saolta deireanacha seo
níl ann ach go bhfuil sí fós beo;
idir an Greim Gasta agus *Sergent Peppers*
siúd í ag imeacht gan treoir sa cheo.

11

Tchím seanbhád ar an trá
agus é ag titim as a chéile
i ngal agus i ngaile
mhórchumhachtach na mara.
Ní sheolfaidh sé níos mó.
Ní thabharfaidh sé éinne 'na bhaile.

13

Is cuma cé chomh fada
is a théim i gcéin;
is cuma cé chomh doimhin
is a thomaim mé féin
i dtuairimíocht ón imigéin
is anseo atá brí mo dháin
sna bailte beaga fearainn seo
idir na cnoic agus na caoráin
san áit a bhfuair mo bhunadh cothú agus dídean.

Seo taobh tíre mo mhuintire,
fearann a ndúthrachta.
Anseo tá teangaidh agam a labhrann
le mín agus le mullach,
le cnoic agus le cuibhreann;
teangaidh a thugann údarás domh
mé féin a fhódú ina gcuideachta
is iad a ghairm chugam le meas
mar a rinne mo dhaoine le sinsearas.
Anseo bím ar mo shuaimhneas
agus mé ag déanamh ginealais
le treibh agus le talamh.

14

Casadh Meiriceánach óg as *Missouri*
orm anocht thíos Toigh Ruairí.
Dannie Luigi Friel-Dalaski.
Ógfhear ard, cnámhach, caol.
É ag fiosrú a chúlra is a lucht gaoil
Anseo i gCloch Cheann Fhaola.

Chuala sé ariamh gur cuireadh a bhunadh
as seilbh am an Drochshaoil
ach gur éirigh leis an té ab éirimiúla
den chlann, Dán Mór Ó Frighil,
a ghabháil go *Pittsburg, Pennsylvania*.

Crann d'fhear a bhí ann de réir
sheanchas an teaghlaigh. Uaidhsean
a shíolraigh *Dannie* agus an chuma sin air.
Bhí craobh Iodálach as *Calabria*
ar an chrann ginealaigh fosta
agus geág Ghiúdach as *Lithuania*.
Dannie Luigi Friel-Dalaski
Suim fola na gciníocha
agus comhthionól na nginealach.
Bhí sé ag lorg cé hé féin
sa tslua ilghuthach, phórghnéitheach
as ar gineadh é. Bhi fuilíbiliú a dhúchais
is cosúil ag tógáil bruíne ina aigne.
Ach le ham, bhí sé cinnte
go dtiocfaidh ar an duine
ba dhual dó a thabhairt ina iomláine.

D'fhiafraigh sé díom
caidé mar a déarfá i nGaeilge,
"*Patience is always rewarded.*"
Ag cuimhniú ar a chúlra Giúdach
tháinig an nath seo liom láithreach.
"Am agus aimsir, bhéarfadh sé an seilide
go hIarúsailéim." Ag míniú éirim
na bhfocal dó, céim ar chéim,
bhain a mbrí géim gháire as.

"I hear you, man, sweet and clear.
I want to live your language.
Big Dan Friel spoke Gaelic.
I carry the memory of it in my ears."

Mhol mé dó gabháil
go Baile na Bó, go hOirthear Dhumhaigh
agus go Doire Uí Fhrighil.
Bhí daoine dá shloinneadh, bunadh
Uí Fhrighil, ina gcónaí ansiúd go fóill.
Cheistigh sé mé ansin
faoi bhrí na n-ainmneacha áite sin
agus nuair a bhí rún na mbailte fearainn
tugtha chun solais agam, arsa seisean,
ar son grinn, *"Hey man, that was awesome.*
You really know how to get the jinn
out of the Dinnseanchas."

D'fhág mé slán aige agus é ina shuí
ag ithe sicín *tandoori*
agus ag ól tae dubh searbh
i mbialann Indiach Toigh Ruairí.
Daniel Luigi Friel-Dalaski —
gal toite ag éirí chuige ón chisteanach
ar nós shlua na marbh.

17

Sa tséasúr idir eatarthu seo
       nach bhfuil ina fhómhar ná ina gheimhreadh,
           níl sé ag cur ná ina thuradh.

Ceobháisteach ar feadh an lae,
    an spéir ag ísliú is an domhan ag cúngú.
        Tá néal mór bogshéidte

ag trasnú an tsléibhe ó Ghleann Bheatha,
    bogán lán de mharbhsholas bán.
        Ó starrán binne ar an Mhín Bhuí,

tchím cága ina suí go callánach
    ar shreanga leictreacha an Ghleanna.
        Shamhlófá cailleacha dubha leo

agus iad ansiúd idir tú agus leas.
    Tá na caoráin ag athrú datha, ag tiompú
        ó bhuí riabhach go deargrua.

Tá dreoilín teaspaigh sa mhíodún
    ag ceolánacht go cumhúil as séasúr.
        Tá madadh Mhary ag reithíocht ar ghabhar.

Ar bhealach portaigh na Malacha
    tá seanghluaisteáin, meaisín níocháin
        agus cannaí stáin ag titim as a chéile,

ag meirgiú agus ag gabháil ar ceal
    i gcíbleach féir agus i gceo.
        Tá caora bháite ag stánadh orm le súil bheo.

I mBaile an Gheafta, téim in abar
    i bpoll maide. Siúlaim 'na bhaile go bacach,
        stumpa giúise ón tseanré liom mar bhata croise.

THE GLEN'S TONGUE

for Lillis Ó Laoire

1

You are the language Amergin
uttered as he landed
on the surge of the flooding wave
binding Ireland's wayward territories
under the spell of his verses
in Scéine's fabled estuary.

You are the war-words
chanted by Cúchulainn
when Ulster was besieged.
The battle-incantation
that pulsed to us in currents
animating generations.

You are the purified dialect of the bards
in the sophisticated court of O'Neill
the high vernacular of scholars
rich in wisdom's meaning
and you were spoken by learned men
from Munster up to Gleann Dà Ruadh.

You are the sweetness poets chose,
the secret love behind their songs;
the lips of consolation, the breast of plenty,
it was you who spurred their energy;
the maiden that Ó Doirnín lay with,
the beauty Mac Cumhaigh spied at daybreak.

Night and day, wherever I look
it's you I see, imprinted on my heart,
heard in the marrow, understood in the blood.
These words are yours that now offer
nurture to my mind, sustenance to my memory.
Only in you, my love, will I survive.

2

"Bring the bottom sod to the top
and you'll waken the seed
that is sleeping underground,"
he used to always say
as he worked the soil of his memory
to bring an ancient story
or some verbal gem or other
out into blossom
to make me smile.

I was too young to be nurtured
by the lore stored in the cultivated
loam of his memory
or to realise the fruitfulness
of his fertile mind
and when he was buried
he carried with him into the clay
the stored wisdom of his *dúchas*.

Now here I am turning
into his likeness
day after day
while I turn the soil
in my own small furrow
of the dialect of my people;
striving more or less
to waken towards fruition
the seed of words
hidden in the tilth.

3

I am in mourning now
because the smallholdings of language
and the rich earth of *dúchas*
are being let run wild
in the townlands at the top of the Glen.

The tilled land of my people
is being abandoned, while their taming of it,
their labour in the new haggards
of erudition, their fertilisation
of fluent meadows, their long sowing
in the fine tilth of conversation
are fading below the rough forgotten sod
in these five wide fields of my kindred
in the deserted townlands of the Glen.

I am in mourning now
because the young are being raised
dispossessed, bereft of language;
a rootless remnant without pride
surviving on the infertile ground of loss
a generation without soil
in the bare townlands of the Glen.

4

Today the old ones rest
in their eternal beds
and a new language has tenure
where they and theirs had been settled
for as long as the townland recalls.
Now their land lies fallow
and their eloquence is unremembered.
They could never have foreseen
the dawning of the day
their language would no longer
hold graceful enduring sway
here in Mín a' Leá.

And as with them it won't take long
for your voice and your name
to leave the memory of the living
and for this small holding
you cultivated as a poet
to be left to weeds and to wildness.
Hold your tongue from now, dear heart.
Evening has come upon your day.
You will go into the clay
into the sweet earth of your people
into the loyal soil that helped them hold course
in the time of need, the time of want.

There will be life in the company
when you mingle with the old crowd;
the bony men of lore
the loose-limbed women of stories.
The eloquent kinship of bones!
Breast to bosom, cheek to jaw,
your arms around one another,
you will converse together
and forever in that splendid restfulness
in the language used by your people
since they crested the flooding wave
with the bardic son of Míl.

5

Today, blessed muse,
the briars are blossoming
in the brightness of your beauty.

Branchlets of thyme
wind through every lock and tress
of your fragrant hair.

You were born, dear heart,
of the proud, royal blood
of the old dispensation. You are the language,

majestic, magnanimous,
of the tribe and territory
to which my kin gave grateful fealty.

You were ever the lover
of our poets, the muse who gave meaning
to the tragic epic of our world.

My ancients and my ancestors
never broke faith with you
nor ever stopped praising you.

And from the country of Ó Bruadair
to Raasay of the MacLeods
bardic acclamation was yours.

And through long turbulent centuries
of subjection, you kept the bloom
of beauty in your cheek.

For you are the muse of poetry,
the words of our people's wisdom
and the utterance of our utmost truth.

6

And it is you, dearest one, who added
the grace-note, the untamed note
to the plaintive music of our yearning.

You are the downy bed
of love, the soft mattress of sighs,
the blanket of secret pleasure.

Midwife of poetry,
nurse of the light,
mother of dawning day,

here we are together
through weal and through woe
in want and in plenty.

When my emotions, dear heart,
are brimming over
it is you who flows

because you are the pulsing water
of my breast, the hillside spring
which fills with understanding.

And you bestow on me words
more splendid and more precious
than any royal jewels.

I have no further desire now
than to ride together with you
on the swift horse of the imagination.

Sweet muse of enlightenment,
let's away sky-riding all over
the far out ways of the future.

9

The words would rise
from the meadow of his mouth
like musical notes
lightened with wings
as he recited a story.

There would be an ambience of air
and wonder all through the house –
the sphere of mystery
delighting us, the mountainy
pastures of the little people.

And the lilting strain of his story
lifting us out of ourselves,
transporting us away
out of our sombre lives
to the splendour of the far-flung sun.

10

She was the fair maid milking the cows
out on dewy lawns of morning
doling milk out of white jugs
the soul-nurture of my people's choice.

But the way things are today
she's just about hanging on;
between the fast food of *An Greim Gasta* and *Sergent Pepper's*
there she goes, astray in the fog.

11

There's a boat on the shoreline
disintegrating
in the hissing and foaming
of the overwhelming sea.
She won't sail again.
She'll bring nobody back home again.

13

No matter how far
abroad I go;
no matter how deep
I plunge myself
into thought-streams from abroad
it is here my poem takes on meaning
in these small townlands
between the mountains and the moors
where my people scraped sustenance, built shelter.

This is the land my people shaped,
the territory of their hard work.
Here my tongue can speak
to peak and to pasture,
to hillside and haggard;
a tongue that empowers me
to settle myself in their company
and to convoke them with respect
as my people have ever done.
Here I'm at my ease
while I trace family ties
to the people, to the earth.

14

I met a young American from Missouri
tonight in *Toigh Ruairí*.
Dannie Luigi Friel-Dalaski.
A tall, rangy, slim young man.
He was checking out his background and relations
here in *Cloch Cheann Fhaola*.
He had always heard that his people
had been evicted during The Great Famine
but that the cleverest of the family,
Dan Mór Ó Frighil, had managed
to make off to Pittsburgh, Pennsylvania.

He was one mighty giant of a man
according to the family lore. It was from him
Dannie was descended and he had the sign of it.
There was an Italian branch from Calabria
as well and a Jewish branch from Lithuania.

Dannie Luigi Friel-Dalaski.
The confluence of bloodstreams
and the convocation of genealogies.
He was searching for who he is
in the multi-voiced omni-bred family
he came from. The rollercoaster of his descent
was evidently agitating his mind.
But in time, he was convinced,
he would come upon the person
he was genetically programmed to be.

He asked me
how would you say in Gaelic
"Patience is always rewarded."
Remembering his Jewish background
I straightaway thought of the saying that translates as
"Time and the weather will bring the snail
to Jerusalem." The step by step
explication of the words
squeezed a laugh out of him.
"I hear you, man, sweet and clear.
I want to live your language.
Big Dan Friel spoke Gaelic.
I carry the memory of it in my ears."

I suggested that he should make off for
Baile na Bó, Oirthear Dhumhaigh
as well as *Doire Uí Fhrighil*.
People of his surname, of the *Ó Frighil*
lineage, were living there still.
He asked me then
about the meaning of those place-names
and when I had elucidated
the secrets of the townlands, says he,
jokingly, "Hey man, that was awesome.
You really know how to get the jinn
out of the *Dinnseanchas*."

I wished him a safe journey while he sat
eating Chicken Tandoori
and drinking bitter black tea
in the Indian restaurant in *Toigh Ruairí*.
Dannie Luigi Friel-Dalaski –
a drift of smoke from the kitchen rising towards him
like the host of the dead.

17

In this in-between season
>> that's neither autumn nor winter
>> >> it is neither raining nor dry.

A mizzling fog all through the day,
>> a lowering sky and the world narrowing.
>> >> A swollen, flabby cloud

traverses the mountain from Gleann Bheatha,
>> a blob of pallid dead light.
>> >> From an outcrop on Mín Bhuí

I see crows perched clamorously
>> on the electric wires of the Glen.
>> >> Black hags you would think

to see them silhouetted there before you.
>> The moorland is changing colour, turning
>> >> from shades of yellow to russet brown.

There's a grasshopper in the meadow
>> keeping up a plaintive out-of-season drone.
>> >> Mary's dog is trying to hump a goat.

On the bog roads of An Mhalaidh
>> there are old cars, a washing-machine
>> >> and tin cans disintegrating,

rusting away towards nothingness
        in stretches of sedge and fog.
                A drowned sheep stares at me from a living eye.

In Baile an Gheafta, I sink into a spongy hole
        where bog-deal has lain. I limp my way home,
                a sliver of ancient pine for a crutch.

An Bhé Ghlas

2016

EALAÍ AR LOCH AN GHAINIMH

do Mhícheál Ó Máirtín

Uasal, grástúil,
    lása geal a gclúmh
        ag lonrú

Agus iad sa tsnámh
    ar airgead beo an tsrutha,
        tráthnóna sa Mhárta.

Lí an tsiocáin
    ag cur dealraimh
        i ngnúis lom an chaoráin.

An ghrian go sámh
    i gculaith den tsean-ór
        ag seasamh na honóra dóibh

Os cionn na Ceathrúna.
    Cuilithíní bána
        ina bpéarlaí glé

Á scaipeadh ina ndiaidh
    agus iad ag seoladh
        go maorga, ríogúil.

Ionas go samhlófá
    gur neacha ó shaol eile
        a thuirling chun na locha.

A bpíoba cuar-áille
   as a dtig dord diamhair
     a ngutha.

A gcosa scamallacha
   á dtiomáint go réidh
     thar na huiscí spéiriúla.

Nach orthu atá an t-ádh
   a bheith ar maos gach lá
     sna suáilcí boga diaga?

Ó dá mba i ndán
   is go raibh sé indéanta,
     d'éireoinn leo in airde.

Ní shuaróinn mé féin
   níos mó leis an tsaol.
     Ní chuirfinn mo leas ar cairde.

Ach d'imeoinn leo
   dlúite le gile a gcnis
     ó loch go loch.

Anois faoi lúth
   agus faoi láthar a n-áilleachta,
     a sciatháin spréite,

Scéimh na hainglíochta orthu,
   éiríonn siad in ord,
     ardaíonn siad i gcór eitilte,

Ag guthaíocht go tréan;
   lasair gheal dhóchais
     ag déanamh ar an ghréin.

SWANS ON LOCH AN GHAINIMH

for Mícheál Ó Máirtín

Gracefully elite
   their layered white plumage
      shining

As they glide
   on the quicksilver lake
      on a March evening.

The sheen of the frost
   invigorating with light
      the bleak face of the bogland.

The sun serene
   in golden regalia
      granting them all due ceremony

Westward above An Ceathrú.
   Foamy bubblings
      gleam like pearls

In their wake
   as they sail on
      so stately, regal

You might mistake them
   for otherworldly beings
      descended on the lake.

The lovely curve of their necks
   uttering their oracular
      intonations.

Their shadowy feet
   propelling them easily
      over sky-filled waters.

How lucky they have it
   to be every day immersed
      in downy divine virtue.

Were it at all within
   my bounds of possibility
      I'd up and away with them.

I would no longer demean myself
   with this life I must live.
      No longer put happiness on hold.

I would take flight with them
   as one with their gleaming passage
      from lake to expansive lake.

Now with the strength
   and speed of their loveliness,
      their wings spread wide,

With the grace of angelhood
   they rise in their due order,
      they ascend in a winged choir,

In powerful incantation;
   a flare bright with hope
      wedging towards the sun.

TÁ NA LILÍ I mBLÁTH AR AN DÚLOCH

do Charraí Conlan

Ansiúd ag aoibhniú na locha
    sa chruth is go ligim
        liú áthais asam

Ag féachaint ar an spré
    atá ag déanamh lúcháire
        os mo choinne.

Iad ar gile na loiteoige,
    gach ceann acu
        ina chailís solais

Ag altú na gréine
    is ag lonrú na haigne
        lena ngrástúlacht.

Líonadh súl a líonmhaire
    is atá siad i mbliana;
        spréite mar ligean sciathán

Ó éan éigin spéire;
    gleoite, gléghlan, glórmhar,
        tá an Dúloch faoi chomaoin acu.

Is beag an tsúil a bhí agam
    a bheith ag déanamh gairdis,
        a bheith lúcháireach,

I ndiaidh a raibh de mhéala
    ag cur mairge orm
        i gcaitheamh na bliana.

Ach inniu is cuma sa riach
    faoi chaitheamh is faoi
        cháineadh an tsaoil.

Ag breathnú uaim
    ar an phobal dhlúth lilíoch
        agus iad i mbun ceiliúrtha,

Iad lán d'anam
    ó bheith ag adhradh an tSolais.
        seo a ngníomh dóchais,

A gcleachtadh crábhaidh,
    a gCré ghlinnshúileach.
        Seo neacha lonracha

Arbh as cothú na gileachta
    a thig a mbeatha,
        a mbláfaireacht.

Suím anseo ar mo mharana
    ag tabhairt buíochais ó chroí
        do dhúile uile na cruinne

As a ngile, as a ngliondar;
    is ag ligean do lí an tsolais
        an lilí atá ceilte ionam –

Loiteog na glóire –
    a thabhairt chun grinnis,
        a thabhairt chun aoibhnis.

WATERLILIES ARE BLOSSOMING ON DÚLOCH

for Carraí Conlan

They bedeck the lake
        so ornately that I whoop
                in exultation

To see them stretched out
        in jubilation
               before my eyes.

Radiant as lotus blossom
        every last one of them
               a chalice of light

Acclaiming the sun
        and enlightening the mind
               by virtue of their grace.

The eye fills with their limitless
        plenitude this year;
               wide as the wingspread

Of some great bird;
        exquisite, resplendently elegant,
               they endow the darkness of Dúloch.

I had little anticipation
        of being joyful
               of being celebratory

after the horrors
    the turning year
        had heaped on me.

Today however let the devil
    take the slings
        and arrows of the world.

I am absorbed
    into this close community of lilies
        concelebrating their rituals,

Animated through and through
    by their exaltation of the Light.
        This is their act of hope,

their sacred practice,
    their clear-eyed Creed.
        Here are shining creatures

who from cultivating brightness
    draw their being
        and their blossoming.

I sit here in contemplation
    offering the heart's gratitude
        to all the world's elements

For the lustre of their joy;
    allowing the burnish of the light
        to coax the lily within me –

The eternal lotus –
    towards its proper form,
        towards its proper rapture.

AG CUIMHNIÚ AR JAMES WRIGHT AGUS MÉ AG SIÚL AN tSLÉIBHE ANUAS Ó MHÍN NA nGALL

A bhráthair na páirte
   is dual domh a bheith
      leanúnach ortsa

Óir threoraigh tú mé
   le hurraim a thabhairt i gcónaí
      don bhriathar ghlé.

Is caithim uaim go míshásta
   síos i linn portaigh
      cnuasach filíochta gan mhaith.

Iad amscaí, cnapánach, tur;
   gach dán acu lán
      de chamalama cainte.

Nach ndearna tú féin
   a mhacasamhail fadó
      amuigh ar bhánta Ohio?

Mheas tú go raibh níos mó
   le gnóthú ó bheith ag éisteacht
      le nóta soiléir an chriogair féir,

Ná a bheith ag léamh áiféise
   ón té nach raibh siolla den éigse
      i stolp a chuid cainte.

Siúlaim faoi aer an tsléibhe
    ag éisteacht leis na héanacha i
        ndeis a bhéil acu i mbun seinnte.

Tugaim cluas ghéar do na feithidí.
    Tá éascaíocht acusan fosta
        ar líofacht lách gan stró.

Is nuair a tchím úllaí fiáine sa tslí,
    piocaim ceann, mar a dhéanfá féin, a chroí;
        toradh géar le mo bhéal a úrú.

REMEMBERING JAMES WRIGHT WHILE WALKING THE MOUNTAIN DOWN FROM MÍN NA nGALL

Brother poet
    it's in my nature
        to follow your path

Because you guided me
    always to venerate
        the crystal word.

And I grumpily dump
    deep down in a bog-hole
        a garbage collection of poems.

They're ungainly, lumpy, dry;
    every last one of them
        a barrage of bafflegab.

Didn't you once also
>	do exactly the same
>>		out on the Ohio prairie?

You judged there was more
>	to be gained in listening
>>		to the grasshopper's clear note

Than in reading risibilities
>	from those with no syllable of poetry
>>		in the stodge of their speech.

I walk in the mountain air
>	attuned to birdsong;
>>		they catch the perfect note.

I cock my ear towards the insects.
>	They also know facility,
>>		know effortless fluency.

And when I see crab-apples by the track,
>	I pluck one, as you would, dear heart;
>>		tart fruit to rinse the mouth clean.

TEANGMHÁIL

Aimsir thais a bhí ann
is siosarnach na báistí
mar bheacha sna sceacha

Mo chealgadh is mé ag trasnú
Pháirc na hAirde Deirge
le huibheacha éillín díthe.

Bhí sí ina cónaí i dteach ceanntuí
ar bhruach an bhealaigh mhóir,
an braon anuas ann i mbáisteach.

Cailleach phisreogach na n-orthaí
agus na gcógas a bhí inti
ach shíl mo mháthair an dúrud díthe.

Ag breathnú uaim i mboige an tráthnóna
bhí na néalta beaga báiteacha
os cionn Charn Traonach

Cosúil leis an chóiriú
de chadás an tsléibhe a d'úsáid sí
le gortú a ghlanadh.

Tháinig mé uirthi agus í
ag scuabadh na sráide go fíochmhar;
gach scread chráite aici.

Dusta tréan an bhealaigh
ar gach olagón, ar gach ochlán,
agus í á gcnagadh as a béal

Faoi mar a chroithfeá
brat urláir sa ghaoth.
Sheas mé sa doras go stuama,

Cluas éisteachta orm
mar a bheadh soitheach ann
leis an deoir anuas a cheapadh.

"Nuair a thig Biddy Rua," a dúirt sí,
"téann rudaí chun siobarnaí orm."
Í ag cliotar cleatar ar fud an tí.

Bhí bréideanna beaga a banúlachta
crochta ansiúd cois tineadh
agus iad ag triomú.

Bhí a fhios agam go rímhaith
go dtigeadh mearadh uirthi
uair sa ré.

Dálta mo mháthar féin
théadh ingne na gealaí
go beo inti gach mí.

D'fhág sí na huibheacha circe
i leabaidh na cisteanadh,
ag guí go mbeadh éillín orthu,

Ach amháin an ceann a bhris sí –
bogóg bheag ar nós smóilín
a sceith ar an chuilt.

CONTACT

It was a damp day
the whispering of the rain
like bees in hedges

needling me
as I crossed the Ard Dearg field
with hatching eggs for her.

She lived in a thatched house
at the side of the road
and the thatch leaked.

She was superstitious, given
to charms and cures, yet
my mother thought the world of her.

In the distance of the soft evening
the small bedraggled clouds
were settled above Carn Traonach

the spitting image of the dressing
of bog-cotton she used
to clean off a hurt.

I came upon her as she
feverishly swept the roadway
in time with her tormented outbursts.

The heavy dust of the road
on every wail, every groan
she rattled out

Like you might beat out
a carpet in the wind.
I stood quietly in the doorway

An attentive ear cocked
as if I were a receptacle
to catch the leaking drop.

"When Red Biddy comes around," she muttered,
"every bloody thing's a muddle."
She huffed and puffed around the house.

Her small cloths of womanhood
hung there by the fire
drying slowly.

I understood well
how her wits would stray
with the moon's turning.

Just like my own mother
the monthly nails of the moon
raked her to the quick.

She left the eggs
on the kitchen settle,
hoping they would hatch,

Except for the one she broke –
a little soft-shelled one, an embryo
that spilled out onto the quilt.

COMHARSA

Bheifeá i do shuí
le dúscadh an lae
ag dreasú na gcaorach
suas chun an tsléibhe
is ag cur na ruaige
ar na réalta déanacha
le do bhata draighin
is le do mhadadh fiáin.

I d'óige d'oibir tú
sna poill ghuail in Albain.
Go fóill bhí an dusta
ag nimhiú do scamhóg.
Agus tú ag cartadh an tsalachair,
thigeadh seileoga ramhra leat
ar nós lód de ghual dubh
ag teacht aníos ó na híochtair.

Ba mhinic tú
ag cur do bháta sa ghleo
is ag tógáil bruíne
i dtithe an óil is ar aontaí
is bhí tú i gcónaí chun tosaigh
i ngabhal éadain na troda
a fhir chruabhéalaigh,
chrosta, chruálaigh.

Ailp cainte nó cáinte
ba mhinice uait.
Rinne cruatan an tsaoil
thú a chruachan
ionas nach ligfeadh
do chroí duit
an dea-fhocal a rá riamh
i dtaobh do chomharsan.

Agus mé ag fás aníos
b'iomaí uair a dhearg tú orm
go brúidiúil is a chuir tú
ó chodladh na hoíche mé
le do chuid achasán.
Gach scread dhearg agat
i mo bhrionglóidí –
"Bruith thineadh ort, a stócaigh,
níl a dhath le gnóthú ort."

Agus is ró-eagal liom
go bhfuil sé d'éadan ort
an bás a shárú
agus éirí ó mharbh
óir cluinim thú arís
amuigh i ndeireadh na hoíche
ag dreasú na gcaorach
is ag cur na ruaige ar na réaltaí.

NEIGHBOUR

You'd be up and about
at daybreak
driving the sheep
up the mountain
and putting the run on
the last of the stars
with your blackthorn stick
and your fierce dog.

In your youth you worked
down the coalmines in Scotland.
The dust was still
toxic in your lungs.
As you carted the slag
you'd cough out big gobs
like a load of coal
coming up from the depths.

You'd often stick
your nose in an argument
as you stirred up trouble
in pubs and at fairs,
and you were always foremost
when it came to blows,
you hard-mouthed,
aggressive, cruel man.

Gobfuls of talk or trouble
was your custom.
Hard-won experience
hardened you
so that your hard heart
wouldn't countenance you
softening your words
for your neighbours.

As I grew up
you often turned on me
brutally and kept
the night's sleep from me
with your invective.
All your great rages
bellowed through my nightmares —
"May you roast in hell, boy,
you're not worth a curse."

And even now I'm afraid
you've had the nerve
to face down death itself
a revenant
because I hear you again
out in the small hours
driving the sheep
and putting the run on the stars.

AFTERNOON TEA

Mar ba bhéas duit, bhí tú
i gcónaí uasal agus grástúil
cosúil leis an *china* galánta
a leag tú os ár gcomhair
go hoilte ábalta; cupaí
a raibh snáithe den ór
ina mbéal, sásair a bhí
chomh snasta le cnámh.

Chuir tú an tae amach dúinn
go cúirtéiseach, ciúin.
Darjeeling, a dúirt tú, tae
a dhúiseodh ár n-intleacht.
Is rinne tú ceapairí cúcamair
a riar orainn go fial
ach, faraor, is beag blas a fuair muidinne
ar an chineál sin mínínteachta.

Ach nuair a thairg tú
ológa ar chuiseoga dúinn
agus pióga beaga muiceola
rinne muid craos orthu.
Bhí ainchleachtadh againn
ar a leithéid de ghalántacht
agus cé go raibh muid ciotach
le gréithe, lig tú tharat é.

Shuigh muid ar chathaoireacha
cúlarda, ornáideacha
a chuir cónracha i gcuimhne dúinn
óna ndath uaigneach, crónbhuí;
is bhí an línéadach boird
chomh briosc le blaosc ...
is sháraigh ort comhrá a bhaint asainn, muid
ag conlú chugainn féin go cúthalach.

Is tuigim anois go beacht
is mé i meán mo laetha
an t-uaigneas a thug ortsa —
géag scoite den tseanreacht —
cuideachta a choinneáil le páistí
nuair nach raibh éinne eile
le cian a thógáil díot, a chroí,
i mbaile seachantach an tsléibhe.

AFTERNOON TEA

To the manner born, you were
never but courteous, gracious
as the elegant china
you laid before us
with due ceremony; cups
filigreed with gold
at the rim, saucers
polished as bone.

You poured the tea for us
with quiet gentility.
Darjeeling, you said, tea
that would stimulate our minds.
And cucumber sandwiches
you offered in plenty
although we had little taste, *mo léan*,
for such *petite* delicacies.

But when you offered
olives on their stems
and small pork pies
we pigged ourselves on them.
We had little practice
at such posh food
and though we were ham-fisted
with crockery, you pretended not to see.

We sat on high-backed
ornate chairs
that reminded us of coffins
with their cold yellow varnish;
and the table-linen
seemed brittle like a skull …
and you failed to loosen our tongues, as we
shrank into ourselves, shy.

And I understand precisely
now I'm in my middle years
the loneliness that drove you –
a branch lopped from the old dispensation –
to keep the company of children
when there was nobody left
to lift your heart, poor dear,
in your mountain retreat.

AG TAIBHSIÚ NA TODHCHAÍ
OS CIONN LOCH AN GHAINIMH

do Phroinnsias Ó Duigneáin

Tusa atá i do sheasamh anseo
os cionn na locha, ag breathnú uait go buíoch
ar an radharc shítheach shó seo.

Na sléibhte á dtomadh féin
go díreach domhain san uisce chiúin;
na caoráin i bhfogas agus i gcéin

á gcóiriú féin i gcorcra, i gcrónbhuí;
an solas de choiscéim éadrom
ag déanamh ar bharr na Beithí.

Luí na gréine ag cur lí an óir
i spéir an tráthnóna ó Charn Traonach
go Fána Bhuí is go Caiseal na gCorr.

Smaointigh gur sheas mise anseo
tráthnónta fadó, ag breathnú uaim fosta
ar an radharc shítheach shó seo.

Mé ag meabhrú ar imeacht na mblianta,
ar a dtáinig agus ar a dtiocfaidh, ar chasadh
cinniúnach an tsaoil ó chian go cian.

Ar mo dhaoine a shaothraigh anseo
i mínte an tsléibhe is atá anois sa chré
a bheathaigh iad, a choinnigh cothú leo.

Is chan mé an dán draíochta a cumadh
leis an taobh tíre seo a ghairm, chan mé
na hainmneacha ceana leis an Bhé a mhealladh,

Ón Mhalaidh Rua go Mín na hUchta,
ó Pháirc Mhéabha go Droim na Gréine,
ón Phit, ón Phollán, agus ón Chró Chrochta.

Chan mé an cholainn uasal álainn seo
i gcaint uaibhreach mo dhaoine, sa chruth
go ligfeadh sí a haithne leat, tusa a sheasann anseo ...

Ach anocht ar mo mharanna, i mó shuí míshocair
idir an dá sholas, taibhsíonn tusa chugam
ón am atá le theacht, is seasann tú anseo, a bhráthair,

Ag baint lán na súl as an radharc bhreá
atá ar d'amharc, cúpla líne leat ó sheanfhile
nach labhartar a theanga níos mó i Mín a' Leá.

CONJURING THE FUTURE ABOVE LOCH AN GHAINIMH

for Proinnsias Ó Duigneáin

Here's you standing
above the lake, in grateful contemplation
of this peace, this concordance.

The mountains plunging themselves
straight down deep in the still water;
the far and wide moorlands

Arraying themselves in purple, in saffron;
the sunlight stepping easily
upward towards An Bheithí.

Sunset settling a golden sheen
onto the evening sky from Carn Traonach
to Fána Bhuí and Caiseal na gCorr.

Remember that I too stood here
on long ago evenings, I too contemplating
this peace, this concordance.

Meditating on the passage of years,
on what is past, what is to come, life's fateful
turnings from time to sorrowful time.

Meditating on my people who laboured here
in mountainy pastures, and are now in the clay
that gave them nurture, gave them sustenance.

And I uttered the rune that was composed
to conjure this landscape, uttered
the pet names to entice the Earthwoman

From an Mhalaidh Rua to Mín na hUchta,
from Páirc Mhéabha to Droim na Gréine,
from An Phit, An Pollán and An Cró Crochta.

I gave utterance to this beautiful, noble body
in the high speech of my tribe, that she might
make herself known to you, you who stand here …

But tonight as I contemplate, unsettled
in this twilight, you drift towards me
out of the future, you stand here, brother,

Feasting your eyes on the scenery spreading
before you, rehearsing some lines of an old poet
whose language is heard no more in Mín a' Leá.

TAISPEÁNADH

Lá dár mbeatha
sa cheobháisteach
cois locha

Nocht chugainn go glé
bád seoil

Í ag seoladh go réidh
as stua
an tuair cheatha

REVELATION

Once in our lifetime
between mist and rain
at the lake

There was the luminescence
of a sailboat

Making smooth passage
from the arc
of the rainbow

AG SIÚL NA TRÁ LÁ GEIMHRIDH I MACHAIRE RABHARTAIGH

Anseo tá gaoth rite ag reacaireacht go hard
is an mhuiríneach ag siollabadh ar nós na mbard.
I mbéal na toinne cluinim canúint

Thonngeal na bhfaoileog bán. Seo tír chaite
na mara lán de roisteacha rábacha cainte
a rachas chun sochair do mo dhán.

WALKING THE BEACH ON A WINTER'S DAY IN MACHAIRE RABHARTAIGH

Here the wind is in full declamatory flight
and the marram grass is syllabic, even bardic.
In the wave's mouth I hear the bright, lilting

Dialect of white gulls. This is the foamy territory
of the sea, full of rampant rushes of speech
that my poem will beachcomb in days to come.

AU VALON: AG FANACHT
I dTIGH FEIRME SAN EILBHÉIS

do Feena agus do Fabian

Anseo tá an solas ag sileadh
ní hamháin ón spéir
ach ón domhan go léir;
ó na cnoic agus ó na cuibhrinn
ó na coillte agus ó na crainn
ó gach luibh agus ó gach lus
ó gach bláth agus gach tráithnín féir.

Anseo tá an solas ag sní
ó ghorm glé na spéire
agus ag éirí ó ghlaise úr na talún.
Mar fhíon táthar á dhoirteadh
isteach i gcuach álainn an ghleanna.
Mar arán bán táthar á bhácáil
In oigheann mhór na maidine.

Anseo tá an solas ag craobhú
as súile aibí na leannán,
ag léimtí go súgach as greann
na bpáistí, ag gealadh as nóiníní
na mbánta, as cloigíní na mba,
ag canadh as duilliúr na coilleadh,
ár bhfágáil uilig faoi mhaise an ghrá.

Anseo tig an solas chugam
ina thuile the le bánú an lae –
tonn tine a lasann m'aigne
is a chuireann spré na hÉigse
ina lasair gheal ar fud na hinchinne –
Anseo dúisím is Aingeal an tSolais
ag teacht lena theachtaireacht ghlé.

AU VALON: STAYING IN A SWISS FARMHOUSE

for Feena and Fabian

Here the light falls
not only from the sky
but from the wide world;
from the hills and from the haggards
from the woods and from the trees
from every stalk and every stem
from every bloom and blade of grass.

Here the light flows
from the sky's bright blue,
springs from the earth's fresh green.
Like wine it's being poured
into the valley's elegant bowl.
Like white bread it's being baked
in the great oven of morning.

Here the light shoots into leaf
from the brimming eyes of lovers,
cartwheeling out of children's
playfulness, twinkling out of the daisies
in the fields, out of cowbells,
singing from the woodland's foliage,
adorning all of us with love.

Here the light comes to me
in a warm surge at daybreak –
a wave of fire that ignites my mind
and sends sparks of poetry
to light up every brain cell.
Here I awaken to the Angel of Light's
luminous annunciation.

AN BHÉ GHLAS

do Joan agus Kate Newmann

"Burn their groves with fire"— Deuteronomy 12

Mise cailleach na coilleadh glaise,
baineannach chraobhfholtach na feise;
mo dhá chíoch ina gcnocáin féaraigh,
mo mhása ina dturtóga boga caonaigh.

Is mé an uachais thais, caschoill
an tseachráin, an t-eidheann
a lúbann mar eascann,
mám na raithní, an cuas sa chrann.

Ag éalú de léim lúith
tá gach féith is gach féitheog
dá bhfuil ionam, gach cuisle chuilitheach,
lán de smús, d'úsc agus de shúlach.
Is níl d'urlabhra, níl d'fhocla
as mo bhéal craobhghlas, craobhach,
ach diúl, fáisc agus scéith.

Is mé Artemis, Diana agus Bríd,
an bandraoi, an bhitseach, an bhé,
an ballán cíche i mbarr féithe,
an cocán róis ag foscladh a ghné,
raicleach na gcaor, baineannach na gcraobh,
an chailleach a chuireann
driuch craicinn ar na fíréin.

Agus bhí uair ann gur chreathnaigh an chléir
roimh mo dhreach, roimh amhastrach
fhiáin mo dhúile, roimh liú m'áthais
a chuir an ruaig orthu go heaglach.

Ach diaidh ar ndiaidh, as doire glas
mo dhúchais, dhaor siad mé.
As m'áras spéirghlé, as fearainn na béithe
chuir siad as seilbh mé.
Bhain siad scáth mo chinn domh.
Rinne siad ár ar m'áitreabh beannaithe.

D'ordaigh siad go mbeinn dílis
dá ndia beag beadaí;
go mbeinn mín, caoin, géilliúil gan bhrí,
ag admháil dá gcreideamh fíreann,
is dá n-aitheanta atá tur, tirim, teann.

Anois síleann siad go bhfuil mé
sáinnithe acu i scrín a gcráifeachta:
ceannsaithe acu go buan is go tréan
faoi fholach diamhair a gcumhachta.
An Mhaighdean Mhuire a ghlaonn siad orm
is chumhdaigh siad mé le héide ghorm.

Ach níl aon lé agam leis an chréatúr gan choir,
an bhean seo ar baineadh díthe a toil
is atá ina seasamh ina staic gheanmnaí
is a haghaidh faoi smál ag deora goil.
Ní thig mé a bheannú le fíor na croise.
Ní thig mé a smachtú le crann an chéasta.

Anois is an saol i mbaol,
an nádúr faoi bhrú ón rúta aníos,
caithfear réiteach liom arís.
Caithfear éisteacht le mo ghlór,
óir is mise an caomhnóir, mise an cosantóir,
an coimeádaí mná ag ceann na hátha.

Mise cailleach na coilleadh glaise,
ceann seasta an fhíobha,
an bhé sa mhuine, bile na hardréime,
broinn ghlas fhéarmhar na beatha.

THE GREEN GODDESS

for Joan and Kate Newmann

"Burn their groves with fire" – Deuteronomy 12

I am the earthwoman of the greenwood,
the wanton one, leaves in my hair;
my breasts mounded grass,
my buttocks tussocks of moss.

I am the moist lair, the scrubland
of waywardness, the ivy
writhing like an eel,
the ferny gap, the hollow in the tree.

An agile jump towards freedom
and every vein and sinew
in me, every throbbing pulse
is succulence, is sap, is juice.
I have no speech, no words
bursting from my verdant rampant mouth
only suck and squeeze and spawn.

I am Artemis, Diana and Brigid,
sorceress, bitch, goddess,
the nipple swelling out from the vein,
the rosebud opening its display,
brazen amidst berries, wanton among branches,
earthwoman who raises
gooseflesh on the faithful.

And clergymen did once tremble
at my looks, at the fierce
bark of my desire, at my howl of pleasure
that sent them running in terror.

But, step by step, from the green oak-grove
of my *dúchas* they drove me.
Of my sunlit dwelling, haunt of the goddess,
they left me dispossessed.
They hacked down what had sheltered me.
They ravaged my blessed habitation.

They ordained that I pledge allegiance
to their petty, effete god;
that I be gentle, kind, soullessly submissive,
and defer to their patriarchal creed
with its dry and dusty inflexibilities.

Now they think they have me
circumscribed in the shrine of their piety:
subdued by them for good and glory
behind the mysterious veil of their power.
The Virgin Mary is what they call me
and they have robed me in blue garments.

But do not liken me to this harmless creature,
this woman who was robbed of her own self
and who stands like a stone pillar of purity
her face disfigured by tears.
I will not be blessed by the sign of the cross.
I will not be made servile by the crucifixion.

Now at the fateful hour of the world,
the green world threatened at its very roots,
I must be once again placated.
My utterances must again be heeded,
for I am the preserver, I am the defender,
am she who is guardian of the entrance to the ford.

I am the earthwoman of the greenwood,
prime protector of the forest,
the goddess in the thicket, holy tree of power,
the green-grassed womb where life springs.

AR A AISTEAR DÁNA

As deisceart na gréine a tháinig sé,
as líne d'éigse na Gréige.
Luisne na hóige ina ghnaoi, ina ghéaga.

Cosúil le héan imirce bhí sé ar a shlí
ó thuaidh ar aistear na rún.
Spailpín fánach ag déanamh dánachta
ar an fhortún.

Dán de dhánta an tsaoil
gur chas muid le chéile
i gcríocha aineoil agus muid araon
ar chúrsa an tseachráin;
go dtug muid taitneamh fiáin dá chéile
oíche amháin i mbaile cuain,
is an lá dár gcionn
go dtáinig sé de mhian air imeacht
ar thóir a dháin.

Ina dhiaidh ba doiligh díriú
ar ghnáthaíocht an lae.
Ba shearbh gach gnáth
tar éis deoch dhearg na gcaor
is braon bheo na díchéille
a bhlaiseadh i bhféile a bheola.

WAYFARER

From the sun-kissed south he came,
stepping forth from a line of Greek poetry;
the glow of youth on his skin, on his limbs.

Like a cuckoo bird he was flitting
northward on a fabled path.
A wayfaring youth who dreamed
of work and wealth.

As chance would have it,
we came upon each other
in some obscure, uncanny place,
and bonded together at once.
That night, convulsed by lust,
we gave ourselves to dizzy pleasures
in a rowdy harbour town
and next morning he left
on his life's giddy quest.

Thereafter every day was tasteless
and every taste was stale
after the berry-red brew of kisses
and that wild hooch of passion
that I savoured unsparingly
on his generous lips.

CÓS

TÁ AN FHARRAIGE IONAINN GO LÉIR

An mhórmhuir romhainn
agus muid ag breathnú
ar oibriú an tsrutha ag ardú
is ag ísliú, ag líonadh is ag cúlú,
ag tonnadh chugainn
ina chúr gealbhruthach.

Tá an fharraige chéanna
ag oibriú ionainn go léir;
preab ar phreab, tonn ar thonn,
go tiubh agus go géar
i rití aigéanta an chroí,
i dtuaim na hanála, i dtaoidí na fola.

Agus tú sínte liom anois
i bhféar milis na dumhaí
mothaím í sa rabharta mórtais
atá ag éirí ionat, a chroí,
ina thuile aoibhnis,
ina chúr gealbhruthach.

THE SEA IS IN ALL OF US

The open sea before us
as we contemplate
the tide's exertions rising
and falling, filling and emptying,
swelling towards us
in bright-breaking foam.

Those same currents
are working through all of us;
beat upon beat, wave upon wave,
in swift and multitudinous succession
through the oceanic spells of the heart,
in echoing breaths, in tides of blood.

Now with you stretched beside me
on the sweet grass of the dunes
I sense it in the spring tide of pride
that's rising in you, dear heart,
in a flood of pleasure
in bright-breaking foam.

I gCUIMHNE MO SHEANUNCAIL A THROID SA CHOGADH MHÓR (1914–1918)

do Neil Martin

Bhíodh do phioctúir, íomhá dhonnrua, ina mhaisiú ar mhatal ard,
cloch-chrua na cisteanadh agus mé i mo ghasúr,
sa chruth nach dtiocfadh liom mo shúil a choinneáil ó
d'aoibh ghnaíúil ná ó do chulaith úr saighdiúra.

Shuigh tú ar aire i gkhaki, snas i do bhuataisí, gunna crónbhuí
beaignite ar do ghlúin, uabhar an fhir óig i do shúile.
Throid tú in Verdun, in Arras agus ag an Somme, mar i ndúil
is go mbeadh an Eoraip saor, a dúirt m'athair go bródúil.

Sa bhaile ba tusa saighdiúir cróga an teaghlaigh ach i gceacht
na scoile ba tú an té a thug cúl le cine is a liostáil in airm an Rí.
Ó am go ham, chluinfinn fear na gcomharsan, fiúir ar a theangaidh,
ag cáineadh na gcladhairí a throid ar son Sheáin Bhuí.

Ach ba chuma caidé a dúradh ba tusa mo shaighdiúir breá
diongbháilte, mo laochmhíle, m'ardfhear misnigh;
is b'fhiú liom ag an am d'ainm a mhaíomh is d'éacht cogaidh
a laoidheadh i mo chuid véarsaí beaga leanbhaí.

Le deisiú an tí sna seachtóidí cuireadh do phioctúir i dtaiscidh
is nuair a d'aimsigh mé é bhí sé curtha ó chuma le taisleach.
B'olc liom an chinniúint a lig tusa i ndíchuimhne is ba ghránna
an mhaise domh gan tú a cheiliúradh, a sheanuncail, a ghaiscígh.

Thug tú na cnámha leat as an ár ach níor tháinig tú chugat
féin ariamh ina dhiaidh. Bhí cneá mharthanach as an chogadh
ag déanamh angaidh i d'aigne ionas nach bhfuair tú lá faoisimh
le do bheo ach ag síoról na dí leis an bhrí a bhaint as urchóid na gcuimhní.

Chaith tú blianta deireanacha do shaoil ag trampáil na mbóithre
i Midlothian na hAlban, ó Haddington go East Linton—ceantar
ina mbíodh fearaibh Chloch Cheannfhaola fostaithe ar na feirmeacha—
go dtí gur maraíodh tú i dtimpist' cairr ar an bhealach go Dunbar.

A Sheáin chaoin Uí Ghallchóir, a ghaiscígh mhóir, a sheanuncail dhil,
thug tú an tseirbhis fhada dhílis, ceithre bliana doiligh de d'óige
i dtrinsí an uafáis i bhfách le síth agus socracht an tsaoil
is ní ortsa atá an locht má tá an domhan fós ag déanamh urchóide.

IN MEMORY OF MY GRANDUNCLE WHO FOUGHT IN THE GREAT WAR (1914-1918)

for Neil Martin

Your sepia portrait decorated the high, stone
mantelpiece in the kitchen of my childhood,
where I could never take my eyes away from you,
and your good-humoured smile, your smart uniform.

You sat to attention in khaki, boots polished, a dark
bayoneted gun on your knee, young male pride in your eyes.
You fought at Verdun, at Arras and at the Somme, trusting
that Europe would be free, my father proudly explained.

At home you were the household hero, but at school, History
framed you as a traitor to your kind, taking the King's shilling.
Now and again I'd hear the man next door, his tongue bristling,
tearing strips off the backsliders who fought for John Bull.

But in spite of all slander, you were always my bonny soldier
standing steadfast, my man-at-arms, my exemplar of gallantry;
and I was moved even then to assert your name with pride,
to eulogise your high heroic deeds in my juvenile verse.

With renovations in the seventies, your photograph was stored away
and when I discovered it again, you were disfigured with mould.
I mourned the fate into which you have faded, nor would I now
shame myself by not honouring you, Granduncle, my shining knight.

You brought your body safe from the slaughter, but you never
found yourself again. An always weeping battle-wound
suppurated in your mind without ever a day's respite
only drinking, drinking, drinking to draw the pus.

Your last years were spent wandering the roads
in Scotland: the Midlothians from Haddington to East Linton
 — where men from Cloch Cheannfhaola laboured on farms —
until you finally bought it in a crash on the road to Dunbar.

Dear, kind Seán Ó Gallchóir, war hero, granduncle,
you served your time loyally, four awful, youthful years
in the trenches of catastrophe, for peace, for order,
and you bear no blame for the world's still festering wounds.

DOMHNACH I MÍN A' LEÁ, DOMHNACH I nGAZA

Ar an Domhnach lách seo
i Mín a' Leá
agus mé ar mo sháimhín só
sa gharradh
tá mo mhacasamhail i nGaza
rite as anáil
agus é ag impí
go ndéanfaí é a tharrtháil
ó ruathar na ndiúracán
agus ó bhrúcht na bpléascán.

Ar an Domhnach shítheach shóch seo
i Mín a' Leá
titfidh an oíche chun ciúnais
agus éireoidh an ghealach
ar aer an tsuaimhnis
ach i nGaza
lasfaidh an spéir
ina chraos tine
is déanfar conamar de thithe
is smionagar de chnámha an duine.

Ar an Domhnach chiúin seo
i Mín a' Leá
is domh is fusa a bheith
ag mairgneach faoi Ghaza
is mé i mo shuí go sócúlach
sa gharradh
ag baint sú as boladh úr
an fhéir ghearrtha
gan de chaitheamh orm
ach dán a dhéanamh.

Gan de chaitheamh orm
Ach dán a dhéanamh?

SUNDAY IN MÍN A' LEÁ, SUNDAY IN GAZA

On this lovely Sunday
in Mín a' Leá
me at my absolute ease
in the garden
my doppelgänger in Gaza
is gasping for breath
as he begs
to be saved
from the frenzied rain
of rockets and bombs from the air.

On this peaceful easeful Sunday
in Mín a' Leá
the night will fade into silence
and the moon will rise
floating on calm air
but in Gaza
the sky will ignite
in a lurid inferno
and houses will be blown
to pieces, amidst shatterings of bones.

On this quiet Sunday
in Mín a' Leá
it is easy for me
to mourn for Gaza
as I sit comfortably
in the garden
revelling in the freshness
of cut grass
with nothing I must do
only make up a poem.

With nothing I must do
only make up a poem?

I gCAIFÉ SRÁIDE I NEW DELHI

do Sheán Ó Coistealbha

Seo mo bhunadh féin, mo ghaolta
i bpéin na bochtaineachta.
Ísealaicme seo na broide
ag saothrú ar an bheagán
i dtoit thachtach na sráide.
Fear an bhruscair ag cartadh
an tsalachair; an táilliúir cráite
is poll ar a thóin; an gasúr
a chuireann snas i mbróga;
fear an phaca agus é báite
ina chuid allais; na cailíní seirbhíse
i dtigh an níocháin; an seanfhear feoite
is a theallachán préataí
á dhíol aige ar an chosán; an gréasaí
agus é deas ar sheanbhróg a dheisiú;
na páistí beaga costarnochta
agus iad ag reic a gcuid earraí,
balúin, bioráin gruaige, pionnaí.

Seo mo dhaoine féin, na glúnta
de mo bhunadh a bhí ar an bheagán,
a bagraíodh le bata na ceannsmachta,
a cáineadh is a coinníodh faoi.
Seo na bochta céanna dar díobh mé,
iad seo nach bhfuair ariamh
uain lae na sócúlachta
ach a bhfuil sé d'ualach orthu
urraim a ghéilleadh i gconaí
dóibh siúd atá á gcoinneáil síos.

Seo mo bunadh féin go fíor;
mo mháthair agus mná mar í
as na Rosann agus as na hoileáin,
"tatie hokers" i Midlothian na hAlban.
M'athair agus a mhacasamhail, spailpíní
ó Mhín a' Leá ag déanamh fómhair
in Haddington, in Dunbar, in East Linton.
Seo iad mo ghaolta is mo chineál;
An t-aos óg a chuirtí chuig na haontaí hireála
ar an tSrath Bhán, i Leitir Ceanainn,
is gan rompu ach fostú na hainnise
ar fheirmeacha gustalacha an Lagáin.

Seo na cailíní aimsire as Cloich Chionnaola
ar déanadh leatrom orthu is éigniú
i dtithe na n-uasal i nGlaschú.
Seo na stócaigh urránta nach bhfuair
a gcearta ná taobh an tsochair dá gcuid oibre
i bpoill guail na Breataine Móire.

Seo mo bhunadh féin. Seo m'aicme i gcéin,
is cé gur agam atá sócúl na hócáide
anseo ag ól "latté" i gcaifé sráide,
is cé go bhfuil mé chomh feiceálach
le fiacail óir i mbéal bodaigh,
seo iad mo bhunadh, na glúnta céanna
atá curtha ionam, atá ag cuisliú ionam,
is atá anois ag éirí aníos ionam
is ag éamh ar fud mo chuislí.
Ar shráid na hainnise i New Delhi
tá éileamh as an nua acu ar mo chroí.

IN A NEW DELHI STREET CAFÉ
for Seán Ó Coistealbha

These here are my people, in kinship
through the pain of poverty.
This underclass, these outcasts
toiling for scraps
in the street's clogging fumes.
The refuse-man weighed down
by trash; the afflicted tailor
with his arse in rags; the boy
straining to rub a gleam into shoes;
the packman drowning
in his own sweat; the girls bonded
to the washhouse; the withered man
selling his charred potatoes
on the footpath; the cobbler
skillfully coaxing the last from old shoes;
the small barefoot children
hawking their pieces,
balloons, hairclips, pins.

These are my people, generations
of my kindred who subsisted on little,
admonished by authority's staff,
belittled and browbeaten.
Here are the same poor who bred me,
these who never knew
a lucky day's luxury
but whose never-ending burden
is the weight of deference owed
to those who grind them down.

These are truly my kind,
my mother and her equals
in the Rosses and on the islands,
"tatie hokers" in Scotland's Midlothian.
My father and his equals, spalpeens
from Mín a' Léa reaping the harvest
in Haddington, in Dunbar, in East Linton.
These are my relations, kith and kin;
The young ones sent to hiring fairs
in Strabane, in Letterkenny,
with nothing before them but drudgery
on prosperous farms around the Lagan.

Here are the servant-girls from Cloch Cheannfhaola
maltreated and abused in fine Glasgow houses.
Here are the hardy young men who never received
their rightful dues or the profits of their labour
in the coalmines of Great Britain.

Here are my people. Here, far away, is my class
and although I am enjoying the comfort of my perch
here with my *latté* in a street café,
and although I stand out as much
as a gold tooth in a *nouveau riche* mouth,
these are my people, the same generations
that are seeded in me, that pulse in me,
and that now rise right throughout me
wailing the length and breadth of my veins.
On the street of destitution in New Delhi
they have staked a fresh claim on my heart.

DO MHOHAMMED ABU KHDEIR

(*buachaill Palaistíneach a dódh ina bheathaidh
i gcoillidh lámh le hIarúsailéim*)

D'aghaidh bheag shnoite, dhea-chumtha
chomh cnámhach le héan;
gealbhan glas na coilleadh nó colmán.

Bhí tú chomh héadrom ar do chois
le beochán gaoithe, chomh seangéasca
i do sheasmhacht le slat na saileoige.

An mhaidin sin, mar ba ghnách, chuir tú
lúcháir ar d'athair agus ar do mháthair
le bláthfhleasc álainn do gháire

Sula dtug tú d'aghaidh ar an Mhosc
le go ndéanfá na trátha a ordú duit,
an feacadh agus an t-umhlú a rialaíodh sa Leabhar.

Ach, a dhíograis, d'fhuadaigh siad leo thú
chun na coilleadh; ógánaigh fhuilchraosacha
a tógadh i dTiomnacht an díoltais.

In éiric na ngasúr dá gcineál, dá gcine,
a maraíodh go fealltach, bhí cúiteamh uathu.
Dhaor siad thusa, a chroí, ar altóir na híobairte.

Tchím tú faoi dhlaoi tiubh d'óige,
na bladhairí ag bearnú do ghéaga,
ag creachadh do shé bliana déag de ghnaoi.

Mar dhearcáin ag réabadh, pléascann
do phutóga, stollann d'fhéitheoga
agus iad i do dhódh, 'do loscadh agus tú beo.

Tá na Leabhair Bheannaithe gan bhrí,
ceann faoi orthu as a bheith fuilchiontach.
Tá focail na bhfáithe báite i do chuid fola.

Inniu agus cuma thuartha ar gach ní, an mhaidin
ar liathadh an cholmáin, cluinim uaillghol
do chuid fola i bPalaistín bhuartha mo chroí.

A Mhohammed Abu Khdeir, tá gach litir
de d'ainmse, a mhaicín chaoin gan choir,
ag éamh in aibítir théachta seo an léin.

FOR MOHAMMED ABU KHDEIR

(*a Palestinian boy burnt alive in the woods outside Jerusalem*)

Your lovely face, fine-boned and shapely
as a wee bird's, a sparrow or a wood pigeon,
looks out at me from this heavy news coverage.

And truly that's what you were, my little one,
a light and airy denizen of the world,
moving through life with an easy grace.

And your smile, sweet as a damask rose,
spread its beam of joy, they say, all over
the house, delighting your family every day.

An ordinary boy of the West Bank trying
to lead an unobtrusive life in obtrusive times,
until that morning when a wrathful history

stripped you of your homely anonymity.
They took you to your doom, my little one,
in a lonesome wood. They took you, bloodthirsty youths,

brought up on a creed of Retribution.
They sought revenge; due punishment, they deemed,
for their own kinsmen brutally killed.

I cannot bear to see you, my little one,
tied up and torched, your body
a raging red-hot burst of flames.

The hiss and snap of your sinews,
organs popping like acorns,
the stench of your smouldering flesh.

The Sacred Books grow pale, stained
and spineless they bend in shame,
as they should, their words splattered with your blood.

Today my life is smeared with the ooze
of your guts. Your spilt blood, your charred
bones makes of this heart a grieving Palestine.

Mohammed Abu Khdeir, every burnt letter
of your name, every split-open syllable of your innocence,
cries out in pain, now and forever, from this alphabet of shame.

CÓS

AG ALTÚ AN LAE

do Shantaram Sapkota

Tá na héanacha ina ndúiseacht,
tá na bláthanna ina ndúiseacht,
á bhfoscailt féin go lúcháireach
i láthair an lae.
   I gcomharsanacht seo na gile
tá muid i bpáirtíocht lena chéile
sa tsolas; na bláthanna,
na héanacha agus mé féin.

Cothaím iad le huisce, le bia agus le grá,
mar ba ghnách liom a dhéanamh
leo siúd a bhí faoi mo chúram,
mo theaghlach ionúin
   a dtáinig scaipeadh an tsaoil orthu,
a d'imigh uaim chomh ciúin
le ceol ag síothlú as seomra coirme.
Chlaon an chinniúint a súil orainn.

Déanann na comharsanaí a gcomhrá liom
agus iad ag gabháil thar bráid.
Ag caint leo dearmadaím fáth mo bhuartha.
Ag caint liom féin ar an chúlráid
   cuimhním ar a bhfuil i mo chrá.
Ach ar nós na mbláthanna, i gcónaí
iompaím i dtreo an tsolais.
Déanaim iontas dá bhfuil beo.

Tá loinnir an óir i ngnúis na gcnoc.
Tá dán na cinniúna, ár n-arán laethúil,
á fhuineadh agus á fháscadh
as plúr na beatha
    agus as púdar bácála an bháis.
Tá na héanacha ina ndúiseacht. Tá na bláthanna
ina ndúiseacht is tá muid uilig
ár bhfoscailt féin don lá.

MATINS

for Shantaram Sapkota

    There is an awakening of birds,
an awakening of flowers,
opening themselves with delighted
acknowledgement of the day.
    This communal brightness
renders all of us shareholders
in the light of day; flowers,
birds, myself.

    I tender them water, food, love,
as was my wont
with those under my care,
my beloved family
    now scattered by the world's winds,
who slipped away as quietly
as music from a silent auditorium.
Fate focused a malevolent eye on us.

        The neighbours make conversation
as they are passing.
The chat numbs the pain of memory.
To myself in silence
        I rehearse the torment.
But like the flowers, always
I will myself towards the light.
Towards the fascination of living things

        A golden light suffuses the hills.
Fate and future, our daily bread,
are being kneaded and wrung
from the flour of life,
        from the yeast of death.
There is an awakening of birds, an awakening
of flowers and all of us
are opening ourselves to the day.

Teach an Gheafta

2018

I nDÚLAÍOCHT NA BLIANA

Tá an fhearthainm ag titim
go trom
mar chlagarnach cos
ar leacacha na sráide
gan stad is gan sos

Tá an solas san fhuinneog
ar crith
an choinneal i mbaol a múchta
is an cholainn seo préachta
le creatha fuachta.

Tá tost tagtha ar na héin
sa ghairdin
spideog bheag amháin a chanann liom.
Is amhlaidh don chroí é
atá gaibhte sa lom.

Nach deoranta atá spéir
an tráthnóna
cuma cén cumann a dhéanann duine
tá mud go síoraí linn féin
in uaigneas na cruinne.

Tá an fhearthainn ag titim
go trom
ag glanadh lorg do choise, a chroí,
amhail is nach raibh ionat ariamh
ach dustalach gan bhrí.

IN THE GLOOM OF THE YEAR

The rain buckets down
leadenly
like thudding footsteps
on paved streets
endless, relentless.

The light in the window
trembles
the candle guttering
and this flesh perished
with icy shuddering.

The birds have been silenced
in the garden
just a small robin sings his solo part.
So it is also when the heart's
garden grows arid.

How sky seems to weep
this evening
in spite of love's interludes
we are endlessly alone
in a lonely world.

The rain buckets down
leadenly
sponging away your footprint, dearest,
as if you were nothing ever
but opaque absence.

RÚN NA bhFEAR

i gcead do Mháirtín Ó Direáin

Na fir chrón-aosta seo
cuachta ina gcuid *djbellanna*,
iad lámh ar láimh go cneasta
ag teacht anuas an *Medina*.
Cuirim sonrú ina ngrástúlacht,
a gcoiscéim réidh agus a ngothaíocht
atá i dtiúin lena gcomhrá ciúin,
aoibh an gháire orthu lena chéile.
Seo chugam, a deirim liom féin,
na filí, na fealsaimh agus na fíréin.
Ach anois tá siad ar shiúl
i gclapsholas an mhargaidh,
imithe uaim go deo
isteach i ndiamhra na gcúlsráideanna.
Is tig cumhaidh orm ina ndiaidh.
Cá bhfios cén rún beo
atá imithe leo, na fir chrón-aosta seo,
a shiúil lámh ar láimh,
go caoin agus go cneasta
amach as an *Medina*
cuachta ina gcuid *djbellanna*?

THE MEN'S SECRET

after Máirtín Ó Direáin

      These men of twilight years
robed in their *djbellas*
hand in serene hand
processing through the Medina.
I grow mindful of their gracefulness,
their measured walk and gestures
that harmonise with their quiet conversation,
each of them beaming at the other.
They come here, I say to myself,
the poets, the wise ones, the true believers.
      But now they have faded
into the half-light of the souk
faded away forever
into the mystery of the hidden ways.
And I grow wistful after them.
Who knows what living secret
has gone with them, these men of twilight years
who walked hand in hand,
sweetly, serenely,
out of the Medina
robed in their *djbellas*?

Teanga na gCorr

2018

AG GUÍ CHUN NA GEALAÍ

Siúd ag éirí í in iomlán a glóire,
uasal, álainn, ríogúil;
siúd ag éiri í, gealach an tsamhraidh,
as leabaidh gheal na néal
le gabháil i mbun a dualgaisí,
a cúraimí mórthaibhseacha oíche.
Bandia an tSolais! Sorcha Mhór na Glóire!
Siúd í ag tabhairt a haghaidhe
agus lí a háilleachta ar na críocha dorcha.
Agus mar is dual do lucht na hÉigse,
seo mé ar mo ghlúine ag umhlú daoithi.
Lasair na díograise! Laom na tuigse!
Iarraim uirthi anois léas solais
a thabhairt do na daoine uaigneacha
atá ag siúl na hoíche
ag cuartú cuideachta.
Iarraim uirthi sleamhnú faoi rún
isteach i bpríosún; a port binn sóláis
a chanadh i gcampaí géibhinn;
a bheith ina réalt eolais
ag teifigh atá ag éalú thar toinn;
a cuid eochracha óir, na cinn
is fóirsteanaí ina stór
a shíneadh chuig na hoibrithe
atá faoi ghlas agus i sáinn
i dtithe striapach, i bpoill mhianaigh, in allaslanna.
Iarraim uirthi cuairt reatha
a thabhairt ar otharlanna
ag beannú do theacht agus d'imeacht na beatha.

Iarraim uirthi a cogar rúin
a chur i gcluasa na leannán,
á ngríosadh sa dóigh nach mbíonn siad
faoi chuing na cúthaileachta
agus iad ag déanamh cumainn.
Iarraim uirthi méar chaoin
an tsóláis a leagan ar éadan
an té atá breoite i gcolainn
nó atá buartha san intinn.
Iarraim uirthi a bheith ceansa
leis na geilt a théann le gealaigh
nuair a tchí siad ansiúd í
in iomlán nocht a glóire.
Iarraim uirthi iad a chur ar shlí
a leasa óir is í a mheallann chuici iad
faoi gheasa diamhra a cumhachta.
Iarraim uirthi, géagálainn na gluaiseachta,
í féin a thaispeáint ar bhlár an áir
in Aleppo, in Baghdad, in San'aa,
agus ní mar bhlaosc lom an bháis
ach mar ghnúis bheo na daonnachta.
Anois agus í i mbarr a réime
ag féachaint anuas orainn go báúil,
iarraim a beannacht agus a coimirce go lá,
ar a bhfuil beo agus ag beathú
ar an domhan bhocht shuaite seo
atá lán de ghleo agus de chrá.
Iarraim a beannacht anocht.
Tá gá againn uilig le gaetha a Grá.

INVOKING THE MOON

See her rise now in the fullness of her glory,
her graceful, queenly beauty;
see her rise, the moon of summer,
from the gleaming down of the clouds
to do the rounds of her duties,
her glittering nocturnal offices.
Goddess of Light! Resplendent Lucia!
See her now turning her face,
her burnished loveliness towards sombre territories.
And as becomes a disciple of the Muse,
I fall on my knees in homage.
Flame of passion! Blaze of understanding!
I beseech her now to illuminate
those lonely ones
who walk the night
in search of companionship.
I beseech her to slip in secret
into prisons; to sing her consolatory
song in places of detention;
to be a guiding light
for refugees braving the sea;
to offer her golden keys, the most
adaptable that she owns,
to those who slave
under lock and key
in brothels, in mines, in sweatshops.
I beseech her to make a flying visit
to hospital wards here and there
blessing life's ends and beginnings.

I beseech her to whisper secretly
into the ears of lovers,
emboldening them that they may not be
cowed into inhibition
in their courtship.
I beseech her to lay the kind
consolation of her finger on the foreheads
of those who suffer in body
or whose minds are wounded.
I beseech her to be gentle
with the lunacy of those demented
by the sight of her naked glory.
I beseech her to guide them where it is best
for them, since it is she who seduces them
through her own enigmatic behests.
I beseech her, the lithe limb of beauty,
to come forth over fields of slaughter
in Aleppo, in Baghdad, in San'aa,
not as the fleshless skull of death
but as the vibrant face of humanity.
Now at the very fullness of her power
as she gazes benevolently down on us,
I beseech her blessing and safe passage until dawn
on all that is alive and growing
on this poor trembling globe
that is overcome by noise and alarms.
This night I beseech her blessing.
All of us crave her love's incandescence.

Rún Buíochais / Acknowledgements

Is mian liom buíochas ó chroí a thabhairt do m'fhoilsitheoirí Gaeilge, Micheál Ó Conghaile (Cló Iar-Chonnacht), Alan Hayes (Arlen House) agus Darach Ó Scolaí (Leabhar Breac), daoine a bhí i gconaí fial lena dtacaíocht, a gcomhairle agus a spreagadh.

The author wishes to express his sincerest gratitude to his Irish-language publishers Micheál Ó Conghaile (Cló Iar-Chonnacht), Alan Hayes (Arlen House) and Darach Ó Scolaí (Leabhar Breac), who are always generous with their support, their advice and their encouragement.

A special thanks to Paddy Bushe for his long engagement with my work and for his inspired translations. Go raibh maith agat, Paddy. Is féidir brath ort i dtráth agus in antráth.

The author also extends his heartfelt thanks to the poet Philip Cummings for his indispensable proofing of the Irish poems in this book. Buíochas ó chroí le Philip Cummings as an tsaothar eagarthóireachta atá déanta aige ar an téacs Gaeilge.

Ba mhaith liom mo bhuíochas a chur in iúl d'Ealaín na Gaeltachta agus do Chlár na Leabhar Gaeilge as sparántachtaí a bhronnadh orm thar na blianta. Is mór agam a dtacaíocht agus a gcuidiú.

The author also thanks Ealáin na Gaeltachta and Clár na Leabhar Gaeilge for awarding him various bursaries over the years. Their support and assistance is important to him.

Buíochas mór fosta ag gabháil le Eileen Burgess agus le Traolach Ó Fionnáin, Comhairle Contae Dhún na nGall, as a dtacaíocht le Dámhlann an Ghleanna, ionad cultúrtha agus teach cónaithe Chathail Uí Searcaigh.

A final thanks goes also to Eileen Burgess and Traolach Ó Fionnáin at Donegal County Council for their support with Dámhlann an Ghleanna, a cultural centre and the home of Cathal Ó Searcaigh.

Note on the Translations

The large majority of translations in this book are by Paddy Bushe. Those by the author are followed by his initials, *CÓS*. A single translation, by Seamus Heaney, is on the back of the book's hardcover.

About the Translator

Paddy Bushe was born in Dublin in 1948, and now lives in Waterville, County Kerry. He writes in both Irish and English, and is a distinguished translator of contemporary Gaelic poetry. His tenth collection of poems, *On a Turning Wing* (The Dedalus Press, 2016), was awarded the *Irish Times*/Poetry Now Award in 2017. A member of Aosdána, he has been a recipient of the Oireachtas and Michael Hartnett Awards, and translated the work of Scottish poet Sorley MacLean into Irish.